LES

RÉPUBLICAINS

ET LES

MONARCHISTES

DANS LE VAR

EN DÉCEMBRE 1851

PAR

Ch. DUPONT

ANCIEN CONSEILLER GÉNÉRAL DES BOUCHES-DU-RHONE

AVEC DEUX PORTRAITS

———— ✠ ————

PARIS

LIBRAIRIE GERMER BAILLIÈRE ET Cie

108, BOULEVARD SAINT-GERMAIN, 108

Au coin de la rue Hautefeuille

—

1883

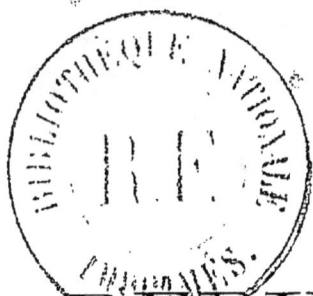

LES

RÉPUBLICAINS

ET LES

MONARCHISTES

Toulon. — Imprimerie du Var, rue Picot, 48.

HENRY HOUSSÄYE

LES
RÉPUBLICAINS

ET LES

MONARCHISTES

DANS LE VAR

EN DÉCEMBRE 1851

PAR

Ch. DUPONT

ANCIEN CONSEILLER GÉNÉRAL DES BOUCHES-DU-RHONE

AVEC DEUX PORTRAITS

———

PARIS

LIBRAIRIE GERMER BAILLIÈRE ET Cie

108, BOULEVARD SAINT-GERMAIN, 108

Au coin de la rue Hautefeuille

—

1883

AUX CITOYENS

Ferdinand Martin, dit BIDOURET (de Barjols);

François Bonnet; Bonnet, dit VOLANT; Christian;
Emeric, dit MÉRIGON; Ganzin, dit LE RUSSE;
Joigneaux; Clair Jourdan; Jassaud; Joseph La-
borde; Martin, dit FERRARI; Hippolyte Maurel;
Etienne Villeclère (du Luc);

François Aragon; Jean-Baptiste Aymard (du Muy);

Alexandre Besson (d'Hyères);

François Coulet (des Arcs);

François Dufort (de Brignoles);

Charles Equy (de Barjols);

Jean-Baptiste Ferlandy (de Salernes);

Célestin Gayol (de Vidauban);

Henry, dit PRAXÈDE (des Mayons-du-Luc);

Antoine Philip (de Bargemon);

Panisse, dit PANISSON (de Cuers);

MORTS EN DÉCEMBRE 1851

VICTIMES DE LEUR DÉVOUEMENT A LA CONSTITUTION
ET AUX LIBERTÉS PUBLIQUES.

CH. DUPONT (d'Hyères).

AVANT-PROPOS

I

Porté à la Présidence de la République par le royalisme aux abois et par ces classes populaires que fascinait encore le nom de Napoléon, le fils de l'amiral Verhuell (1) et de la reine Hortense jura, en décembre 1848, la Constitution en ces termes :

« En présence de Dieu et devant le Peuple Français représenté par l'Assemblée Nationale, je jure de rester fidèle à la République Démocratique, une et

---

(1) On a souvent entendu dire au fils de l'ex-roi Jérôme : « Louis-Napoléon n'est pas mon cousin ; c'est un Hollandais. » Il dit un jour à ce dernier : « Vous savez que notre sang ne coule pas dans vos veines. »

Les femmes de la famille Bonaparte ne parlaient de l'échappé de Ham qu'en l'appelant le *Faux-nom*. Les hommes se servaient du mot propre.

Une chanson de l'Empire, qui accusait de contrebande le roi Louis, finissait par ce refrain :

La Reine fait de faux Louis.

La bâtardise du « fils de la Reine Hortense » est d'ailleurs constatée par une pièce authentique qui, en 1852, était entre indivisible, et de remplir tous les devoirs que m'impose la Constitution. »

Ce serment prêté à la suite d'un manifeste non moins explicite, fut suivi d'un discours qui contenait la déclaration que voici :

« Les suffrages de la Nation *et le serment que je viens de prêter commandent ma conduite future.* Mon devoir est tracé. *Je le remplirai en homme d'honneur. Je verrai des ennemis de la Patrie dans tous ceux qui tenteraient de changer, par des* VOIES ILLÉGALES, *ce que la France entière a établi.* »

Après ce discours empreint de tant de noblesse, de loyauté et de patriotisme, l'Assemblée Constituante, profondément émue, se leva avec enthousiasme et poussa un cri immense de *Vive la République!*

II

Verhuell Bonaparte mentait si bien dans son serment et dans ses promesses, que l'un de ses premiers actes fut de désobéir à l'esprit de la Cons-

---

les mains d'un rédacteur du « Bulletin Français » et qui prouve que le roi Louis ne s'était pas, depuis deux ans, approché de sa femme, quand le Soulouque batave vint au monde.

N'est-ce pas là un des faits auxquels Proudhon faisait allusion, lorsqu'il disait que la France n'avait jamais été gouvernée que par des étrangers?

titution. L'Assemblée Nationale avait voulu faire du Président de la République un magistrat sévère, calme, digne, comme cela ne doit pas cesser de convenir au représentant d'un peuple libre ; mais une telle ligne de conduite ne pouvait être suivie par le *Petit Caporal* de Strasbourg et de Boulogne : sans avoir le droit de commander à un soldat (article 50 de la Constitution), Louis-Napoléon revêt un jour l'uniforme de général, s'empanache comme un écuyer de Franconi, monte triomphalement à cheval et, suivi d'une foule d'aides de camp, va parader devant la garde nationale, pour s'habituer sans doute à parader bientôt devant les troupes de la garnison.

Plus tard, au mépris de l'article 5 de la Constitution, déclarant que la République « n'emploie jamais ses forces contre la liberté d'aucun peuple » ce Robert-Macaire au pouvoir « détourne de son véritable but l'expédition d'Italie », fait bombarder Rome, dissoudre son Assemblée Constituante, égorger la sœur de la République Française, et restaurer une papauté ennemie de toute liberté, de tout progrès, de toute aspiration à l'indépendance de l'Italie.

Moins d'un an après, sous le prétexte de régulariser le suffrage universel et dans un but machiavélique, car il devait bientôt rétablir, pour les besoins du Coup d'Etat, le droit dont il demandait la suppression, l'ancien policeman de Londres provoqua lui-même la loi du 31 mai, qui, en imposant de nouvelles conditions aux électeurs, écartait du scrutin plus de quatre millions de citoyens et violait ainsi ouvertement les articles 24 et 25 de la Constitution.

Enfin, le 2 décembre 1851, alors que de toutes nos libertés il ne restait plus que celle de la tribune, le promoteur des orgies militaires de Satory, avec une poignée de chenapans, acheva son œuvre de trahison par l'arrestation nocturne de quinze représentants du peuple et par la dissolution à main armée de l'Assemblée Législative.

Le même jour, le Conseil d'Etat fut dissous et l'état de siège décrété dans toute l'étendue de la 1re division militaire.

Puis vinrent l'expulsion de la Haute Cour de Justice; la suppression des lois; le vol de 25 millions à la Banque de France; les massacres des boulevards; les fusillades nocturnes; l'organisation de la terreur dans les départements; la proscription de 84 représentants du peuple, le despotisme du sabre imposé aux suffrages des citoyens, en l'absence de toute liberté de discussion et de toutes garanties électorales; enfin la substitution des conseils de guerre et des commissions mixtes aux tribunaux ordinaires : 50,000 républicains placés sous la surveillance de la police, internés, exilés, transportés à Lambessa, déportés à Cayenne, jetés aux bagnes ou passés par les armes!

C'est ainsi que tint son serment le sinistre vainqueur des boulevards de Paris, le futur héros de Sedan!

III

En présence du guet-apens odieux du 2 décembre,
quel était le droit des citoyens? Quel était le devoir de
ceux qui considéraient la Constitution comme la
sauvegarde des intérêts de la Patrie et de l'humanité?

Nous adressons ces questions aux hommes impartiaux de tous les partis, en plaçant sous leurs yeux
les articles suivants de la Constitution:

« ART. 36. — Les représentants du peuple sont
inviolables.

» ART. 37. — Ils ne peuvent être arrêtés en matière
criminelle, sauf le cas de flagrant délit, ni être
poursuivis sans autorisation de l'Assemblée Nationale.

» ART. 51. — Le Président de la République ne peut
dissoudre l'Assemblée Nationale, ni la proroger, ni
suspendre en aucune manière l'empire de la Constitution et des lois.

» ART. 68. — Toute mesure par laquelle le Président
de la République dissout l'Assemblée Nationale, la
proroge ou met obstacle à l'exercice de son mandat,
est un crime de HAUTE TRAHISON.

» Par ce seul fait, le Président est déchu de ses
fonctions; *les citoyens sont tenus de lui refuser
obéissance*; le pouvoir exécutif passe de plein droit

à l'Assemblée Nationale ; les juges de la Haute Cour se réunissent immédiatement, à peine de forfaiture ; ils convoquent les jurés dans le lieu qu'ils désignent pour procéder au jugement du Président et de ses complices.

» ART. 110. — L'Assemblée Nationale confie le dépôt de la présente Constitution et des droits qu'elle consacre, *à la garde et au patriotisme de tous les Français.* »

Le Docteur BARBARROUX

LES
RÉPUBLICAINS
ET LES
MONARCHISTES
DANS LE VAR
EN DÉCEMBRE 1851

PREMIÈRE PARTIE

LE LUC

Pendant que la Bourgeoisie de Paris se préparait à mourir sur les barricades, une centaine de communes du Var s'organisaient pour la résistance prescrite aux citoyens par l'article 110 de la Constitution.

Les républicains du Luc, petite ville qui, grâce à la propagande incessante du fougueux Charles Méric, conseiller général, était devenue le centre d'action de la démocratie du département, furent les premiers à rentrer dans la plénitude de leurs droits révolutionnaires.

La nouvelle du Coup d'État leur fut annoncée le 2, à 5 heures du soir, et confirmée le 3, à 1 heure du matin par l'arrivée d'une copie de la dépêche télégraphique suivante :

« Paris, 2 Décembre 1851, à 8 h. m.
» Le Ministre de l'Intérieur à MM. les. Préfets.
» Le repos de la France était *menacé par l'Assemblée;*
» elle a été dissoute. Le Président de la République
» fait appel à la Nation. *Il maintient la République*
» et remet *loyalement* au pays le droit de décider de
» son sort.
» La population de Paris a accueilli *avec enthou-*
» *siasme* cet évènement devenu indispensable.
» Le gouvernement vous donne tous les pouvoirs
» nécessaires pour assurer la tranquillité. »

Tous les doutes ayant été dissipés par la lecture de ce document, les démocrates se réunirent en foule dans le local de la société *Ravelet* et entrèrent immédiatement en délibération.

Comme dans beaucoup d'autres communes, une question d'opportunité, celle de la prise d'armes, divisa la réunion en deux camps. Les uns voulaient qu'on proclamât sur-le-champ le droit à l'insurrection; les autres, sans blâmer ce mouvement chevaleresque, proposaient d'attendre des nouvelles favorables de Paris ou de tout autre grand centre républicain. Parmi ceux-ci, était un des hommes les plus estimables du Luc, le citoyen Nicolas, chapelier, qui savait par une indiscrétion du maître de poste, que les nouvelles de Paris étaient décourageantes, ce qui néanmoins ne l'empêcha pas, comme tant d'autres de ses partisans, de faire son devoir en prenant les armes pour la défense de la Constitution. Toutefois, il y en eut un certain nombre, qui, par suite du caractère violent que la discussion venait de prendre, crurent devoir, pour éviter une collision fâcheuse, laisser le champ libre à leurs nombreux contradicteurs.

Vers les quatre heures du matin, le citoyen Paulin David, un des plus sympathiques champions de la cause républicaine, voyant que, même sur le terrain de la résistance immédiate, on ne parvenait pas à s'entendre, proposa de donner pouvoir à une commission de cinq membres, de prendre définitivement une résolution. Peu d'instants après, la plupart des citoyens présents couraient chercher leurs armes et le tambour battait le rappel dans les rues.

Bientôt des patriotes armés arrivèrent de tous les côtés. On mit alors une garde au rez-de-chaussée de la maison et une sentinelle à la porte. La sentinelle était à peine en faction qu'elle vit arriver le brigadier de gendarmerie Guillon, suivi de ses quatre hommes.

— Qui vive ! lui cria la sentinelle.

— La gendarmerie, répondit le brigadier.

— Que venez-vous faire ici ?

— Je viens, au nom de M. le Maire, vous ordonner de vous retirer.

— Nous ne reconnaissons pas les traîtres ; arrière ! s'écria la sentinelle en couchant en joue le brigadier.

Celui-ci, intimidé par le mouvement agressif du courageux démocrate, n'insista pas et se retira avec ses hommes pour aller rendre compte à la municipalité de l'insuccès de sa mission.

En même temps, sur l'ordre du Comité insurrectionnel, une masse de républicains se dirigèrent vers la mairie pour prendre connaissance des nouvelles dépêches. Ils n'avaient pas fait vingt pas, qu'ils se trouvèrent en présence du maire, ceint de son écharpe, et des cinq gendarmes ayant chacun le pistolet au poing.

— Au nom de la *Loi (!)*, leur cria le sieur Gilly, maire-machine que les réactionnaires faisaient mouvoir à volonté, je vous somme de rentrer chez vous!

— Et moi, au nom du Peuple souverain, lui répondit avec une rudesse toute républicaine, le jeune Friolet, je vous ordonne de nous livrer les dépêches du violateur de la Constitution et des Lois !

— Dès qu'il sera jour, elles seront affichées, dit le Maire en changeant subitement de ton; en attendant, je vous prie....

— En attendant, nous voulons qu'on nous obéisse! répliqua Friolet avec un geste impérieux qui acheva de décontenancer le sieur Gilly.

— Allons, allons, puisque vous le voulez absolument, je communiquerai les dépêches; mais ce ne sera qu'à quelques-uns d'entre vous....

— Nous les verrons tous ! s'écria Paulin David.

— Tous ! tous ! répéta la foule.

Alors, le sieur Gilly alla se placer devant la porte de l'Hôtel-de-Ville et lut en tremblant de tous ses membres, la dépêche qu'on a déjà vue et que toute la population connaissait déjà.

— Eh bien! qu'est-ce que je vous disais? dit-il niaisement après cette lecture; vous voyez bien qu'on ne vous autorise pas à battre le rappel pendant la nuit?

Cette apostrophe inattendue fut accueillie par des marques d'étonnement si comiques et des éclats de rire si prolongés, que les sergents de ville et les gendarmes mêmes ne purent s'empêcher de faire chorus avec les républicains.

Quand le silence fut rétabli, Friolet protesta au nom de tous contre le renversement de la loi fondamentale de la République, ajoutant que le peuple allait se réunir pour aviser aux moyens de défendre ses droits constitutionnels. Puis, dans le but de soulever la population entière, on se promena dans les rues au cri de : Vive la République! au bruit du tambour et au chant de la *Marseillaise*.

Au retour, un maire provisoire fut nommé. Le citoyen Latil, propriétaire, accepta ces fonctions avec la ferme résolution de résister au Coup d'Etat, mais avec celle aussi de sévir contre les individus qui ne respecteraient pas les personnes et les propriétés.

On se rendit ensuite à l'Hôtel-de-Ville. Sommé de déposer son écharpe, le tisserand Gilly se garda bien de résister. Il sortit de la poche de sa veste le signe distinctif de l'autorité municipale, le remit entre les mains de son successeur et, plus mort que vif, s'empressa de retourner à son domicile.

Immédiatement après l'installation du nouveau maire, les habitants du Luc furent convoqués à son de trompe sur la place publique, pour accepter ou rejeter les propositions qui leur seraient faites au nom du Comité insurrectionnel.

Presque toute la population se rendit au forum avec un entrain des plus patriotiques. Les femmes, les enfants, les vieillards accoururent comme à une fête. Le soleil, qui venait de se lever, était radieux et semblait consacrer par sa présence cette manifestation éclatante de la volonté populaire. Alors un homme aux vêtements grossiers, mais aux traits mâles et souverains, sortit de la foule, monta sur une table placée au pied de l'arbre de la Liberté, et proposa à la sanction des citoyens présents un décret qui dissolvait le Conseil municipal et le remplaçait par une Commission provisoire de treize membres. Des acclamations unanimes furent la réponse du peuple, qui se rendit ensuite à l'Hôtel-de-Ville, sa nouvelle municipalité en tête, tambour battant, drapeau rouge déployé (1), pour installer les magistrats qui venaient d'être soumis à son acceptation.

(1) Les insurgés du Luc et ceux de plusieurs autres communes ne prirent le drapeau rouge pour signe de ralliement que parce que le drapeau tricolore était le guide des prétoriens de Louis-Bonaparte, Du reste, les démocrates de

LA GARDE-FREINET

A la nouvelle du Coup d'Etat et au rebours des monarchistes, qui, comme ceux du Luc, auraient voulu être à cent pieds sous terre, les républicains de la Garde-Freinet abandonnèrent immédiatement leurs travaux, se répandirent dans tous les lieux publics et, se reposant sur leurs chefs du soin de prendre les mesures que comportait la circonstance, attendirent le moment de donner des preuves de leur patriotisme.

Ceux-ci, après avoir reconnu que l'insurrection était devenue un devoir, envoyèrent des estafettes dans les communes environnantes pour engager les républicains à s'emparer des municipalités et à se tenir prêts à marcher dès le lendemain.

1848 n'attachaient pas, comme certains énergumènes d'aujourd'hui, une idée de sang aux insignes rouges, qui étaient pour eux, au contraire, l'emblème de la fusion des classes sociales et de la Fraternité universelle. Nous sommes donc persuadé que sans la circonstance exceptionnelle du Coup d'Etat, les républicains du Var seraient restés fidèles à ce noble drapeau, qui conduisit à la victoire les soldats de la Révolution, qui servit de linceul au brave Marceau et qui ombragea de ses plis glorieux le front héroïque du vainqueur d'Héliopolis.

*

Les autorités monarchistes essayaient, de leur côté, de faire bonne contenance : les deux brigades de gendarmerie avaient été appelées à l'Hôtel-de-Ville, où elles s'étaient rendues, la carabine sur l'épaule; le commissaire de police, ceint de son écharpe, cherchait à intimider les démocrates par des propos et des gestes menaçants.

Mais ces fanfaronnades furent sans succès sur l'esprit des patriotes, qui jugèrent prudent néanmoins de passer la nuit en permanence.

Le lendemain matin, 4 décembre, le citoyen Amalric, ancien sous-officier de cavalerie, fut envoyé à Draguignan, pour se concerter avec les démocrates de cette ville sur ce qu'il y avait à faire pour assurer dans le Var le triomphe de l'insurrection.

Il arriva au moment où des citoyens de Draguignan et de presque toutes les localités voisines, venaient de décider chez le citoyen Alter, cafetier, qu'il fallait attendre jusqu'au lendemain, jeudi, et qu'on se disposerait, à partir de ce jour-là, à attaquer le chef-lieu dans la matinée du dimanche suivant.

Cette importante décision fut accueillie avec satisfaction par la démocratie dracénoise ; mais quelques républicains influents, ayant à leur tête le citoyen Pastoret, avocat distingué du barreau de Draguignan, ne tardèrent pas à changer les dispositions du plus grand nombre, en exprimant une opinion contraire à l'initiative départementale, qui selon eux pouvait avoir des conséquences funestes pour les populations varroises.

Le délégué de la Garde-Freinet, devant lequel l'un de ces opposants, dont le républicanisme, du reste, n'était pas douteux, venait de répéter le fatal : *Attendons!* rappela l'engagement pris maintes fois par les démocrates du Var de se lever en masse sans hésiter le jour où la Constitution serait violée, et ajouta que, quoique l'on fît à Draguignan, la Garde-Freinet serait le soir même au pouvoir des républicains.

— Vous pouvez vous dépêcher, mon cher, lui dit le citoyen Louis Villeclère, délégué du Luc; mais vous ne serez pas plus expéditif que dans ma localité, où l'insurrection est déjà maîtresse du terrain.

Au retour du citoyen Amalric, les démocrates de la Garde-Freinet, suivis d'un grand nombre de femmes, d'enfants, de vieillards, marchèrent sur la mairie, aux cris de : Vive la République! A bas Napoléon!

Ils trouvèrent dans la salle du Conseil : le maire et son 1er adjoint, ceints de leur écharpe, entourés de onze gendarmes ayant le mousquet en bandoulière, des pistolets à la ceinture, le sabre à la main.

— Que voulez-vous? demanda le maire à la foule qui se précipitait dans la salle.

— Votre écharpe, la dissolution du Conseil municipal et la reconstitution de l'ancien Conseil, lui répondit-on de toutes parts.

A ces mots, le maire balbutia quelques phrases incohérentes, déposa son écharpe sur la table, son

1er adjoint en fit autant; et, quasi-morts de frayeur, maire, adjoint et gendarmes firent place nette aux défenseurs de la loi, qui se rangèrent sur leur passage en criant : Vive la République! cri auquel les gendarmes répondirent par celui de : A bas le gouvernement!

Le lendemain, jeudi, un Comité révolutionnaire succéda au Conseil municipal républicain.

Par ses ordres, un cordon de gardes nationaux fut établi autour du village, pour le garantir de toute surprise et pour empêcher la sortie des réactionnaires qui auraient pu se rendre à Draguignan, ou ailleurs, pour grossir les rangs des complices du Coup d'Etat.

En même temps, on publia l'ordre pour les réactionnaires d'apporter sur-le-champ à la mairie les armes et les munitions dont on les savait approvisionnés depuis longtemps.

Aucun d'eux n'ayant tenu compte de cette publication, on en fit une seconde pour les prévenir que des visites domiciliaires allaient être faites et que ceux chez lesquels on trouverait des armes seraient immédiatement fusillés.

Cette menace, qui n'était pas sérieuse, comme on le verra bientôt, eut un résultat inespéré; les monarchistes vinrent déposer à la mairie, non seulement des fusils, des sabres, des pistolets et des munitions de toute espèce, mais un certain nombre poussèrent l'obéissance jusqu'à se dessaisir de leurs couperets, de leurs broches et autres ustensiles de cuisine.

M. Guillabert, l'ex-1er adjoint, et quelques autres récalcitrants, ayant été conduits devant le Comité révolutionnaire, jurèrent leurs grands dieux qu'ils n'avaient rien de ce qu'on leur demandait. Mais comme on était persuadé du contraire, on les fit conduire provisoirement en prison, où ils furent plus tard maintenus, par suite de la certitude acquise de leur mauvais vouloir.

Quant à la gendarmerie, voici le moyen auquel on eut recours pour en opérer le désarmement.

On fit appeler le brigadier Massiou, qui se présenta en petite tenue, sans armes, le bonnet de police à la main droite, la main gauche à la couture du pantalon.

— Couvrez-vous et mettez-vous à votre aise, lui dit le président du Comité.

— Quand je me présente devant les autorités, répondit-il avec le plus profond respect, je me tiens toujours tête nue et dans une attitude militaire.

— Brigadier, puisque vous êtes si bien disposé à nous obéir, nous vous ordonnons d'écrire à tous vos hommes de quitter leurs armes et de se rendre ici en toute hâte.

— Je suis entièrement à vos ordres, citoyens.

Là-dessus, Massiou s'empressa d'écrire à ses hommes, qui tous, excepté un, vinrent se mettre à la disposition du Comité. Mais ne pouvant utiliser sans danger de pareils agents, on préféra les faire incarcérer tous, y compris le maréchal-des-logis.

Celui-ci, cherchant le moyen de se tirer d'embarras,

demanda le soir même à voir le Président du Comité,
pour lui faire une révélation. Amené en sa présence,
il lui déclara que dans la journée du 4, M. Guillabert
avait formé le projet de réunir au *Café Alexandre* la
gendarmerie, les mouchards et les réactionnaires,
pour tomber sur les républicains, au premier mouvement de leur part, et en finir une bonne fois avec
« les pillards et les buveurs de sang » : c'est ainsi
que ces bons messieurs, parmi lesquels se distin-
guaient des forcenés de 1815, osaient qualifier les
partisans de la République démocratique et même
ceux de la République *honnête* et *modérée*.

Interrogé sur ce projet abominable, Guillabert nia
avec véhémence, protesta avec plus de force encore de
ses sentiments républicains, démocratiques, sociaux,
et demanda énergiquement la preuve de l'accusation
qui venait d'être portée contre lui. Aussitôt, on met le
brigadier en sa présence, celui-ci confirme sa déclaration, Guillabert avoue, et pour se débarrasser de la
vue de tels hommes, on les fait reconduire en prison.

Pendant que la Garde-Freinet organisait ses forces
insurrectionnelles, le Luc déployait la plus grande
activité pour réunir en un faisceau toutes celles des
localités environnantes. Un de ses nombreux émis-
saires ayant apporté à la Garde-Freinet l'ordre de se
mettre en route pour le Luc, le Président du Comité
révolutionnaire fit battre la générale et se trouva
bientôt à la tête de plus de deux cent cinquante
citoyens armés.

Au moment du départ, un mouvement tumultueux se propagea parmi la foule. On venait d'apercevoir M. Tournel, receveur des contributions directes, un des plus ardents réactionnaires de l'endroit. Pour donner satisfaction à la juste colère de la plupart des contribuables, il fut arrêté sur-le-champ ; et comme il demandait la permission d'aller embrasser sa famille, la logique populaire lui répondit : — Lorsque le pharmacien Adrien Pons et plusieurs autres démocrates furent traînés en prison pour avoir essayé d'organiser le travail parmi nous, la même permission leur fut impitoyablement refusée. — Eh bien ! comme vous avez agi envers les nôtres, Messieurs, nous agissons envers vous-mêmes. Puisse ce refus vous servir de leçon pour une autre fois !

Sur ces entrefaites, un courrier étant venu contremander le départ pour le Luc, la colonne fut consignée dans le vaste local occupé par la société *Saint-Louis*.

Peu après, on entendit un bruit de tambours, qui fit mettre tout le monde sous les armes. C'étaient les patriotes des communes de Saint-Tropez, de Gassin, de Cogolin, de Grimaud, qui, le fusil sur l'épaule et le drapeau rouge déployé, venaient répondre à l'appel de la Garde-Freinet. Ils avaient à leur tête le propagandiste Martel, serrurier, et le chevaleresque Campdoras, chirurgien du bateau à vapeur *le Pingouin*, alors en station dans les parages de Saint-Tropez.

Ces braves citoyens étaient à peine en train de

réparer leurs forces, que l'ordre arriva du Luc de se
diriger sans retard sur Vidauban.

En un instant tout le monde fut sous les armes et
la colonne, composée alors de 450 hommes environ,
s'ébranla au bruit du tambour, du refrain de la
Marseillaise et des exhortations guerrières des épouses et des mères des soldats de la Constitution. Il y
avait là quelque chose de l'époque où retentit ce cri
terrible : *la Patrie est en danger !* où « pieds nus, sans
» pain, sourds aux lâches alarmes », les volontaires
de 92 se mettaient en route pour l'armée du Rhin !

La colonne emmenait comme otages les onze
gendarmes et un pareil nombre de bourgeois réactionnaires, parmi lesquels : MM. Tournel ; Guillabert
et Dubois, négociants ; Courchet, ancien juge de paix ;
Courchet, directeur des Postes, et son fils ; Voiron,
Olivier et Panescorce, propriétaires.

On était à peine hors du village, qu'un incident
malencontreux se produisit au sujet des otages.
Furieux de voir que ceux-ci faisaient route en voiture
tandis que les défenseurs de la loi allaient à pied ;
exaspérés surtout par le souvenir des persécutions
que ces monarchistes acrimonieux avaient exercées
contre l'association ouvrière des bouchonniers du
pays, plusieurs insurgés finirent par éclater en propos
menaçants pour la sécurité des prisonniers.

Prévenu de ce fait par le capitaine Martel, le
commandant Amalric se rendit en toute hâte auprès
de ces imprudents et leur ayant imposé silence !

— La vie de ces homme, leur dit-il avec sévérité,
est placée sous ma sauvegarde. Je brûlerai la cervelle
à celui d'entre vous qui ne la respecterait pas. Soyons
sans faiblesse pendant la lutte; mais, hors de là, point
de sang, point de vengeance.

La sagesse de ces énergiques paroles calma comme
par enchantement ceux auxquels elles étaient adres-
sées; mais il n'est rien qui aiguillonne plus la haine
des victimes que la vue de leurs persécuteurs: la
même scène se renouvela plusieurs fois pendant le
trajet de la Garde-Freinet à Vidauban. Toutefois,
hâtons-nous de dire qu'il y avait une montagne entre
ces menaces et leur exécution. La cruauté à froid
n'est pas dans le caractère des républicains du Var.
Nous qui avons été en ce temps-là le confident intime
de leurs projets et l'un des principaux boute-en-train
de leurs actes politiques, nous avons toujours eu la
ferme conviction que la volonté du mal résidait bien
plus souvent dans leur langue que dans leur tête, et
que sous le rapport moral ils valaient certainement
mieux que leurs calomniateurs.

La conduite d'Amalric, en cette circonstance, laissa
une impression salutaire dans l'esprit de ses compagnons d'armes; mais nous manquerions à notre
devoir d'historien si nous ne disions aussi qu'il fut
énergiquement soutenu par ses lieutenants, au nombre desquels figuraient avec honneur deux ouvriers
bouchonniers, dont nous aimons à nous rappeler le
souvenir; nous voulons parler de François Marchetti

et de Vital Pérès, patriotes d'une trempe peu commune qui, par leur conduite exemplaire et la solidité de leurs opinions démocratiques, s'étaient rendus dignes de la confiance entière des classes laborieuses de la localité (1).

(1) Ces deux honorables ouvriers sont décédés, le premier, à Hyères, en 1870, le second, à Nice, en 1876.

Toute la population républicaine et libérale assista à l'enterrement de Marchetti; un riche propriétaire du pays, M. Louis Garcin, prononça sur sa tombe un discours éloquent.

La mort de Pérès fut annoncée en ces termes par un journal de Nice :

« Il vient de s'éteindre doucement à Nice, dans sa 83ᵉ année, un proscrit de 1851, Vital Pérès, honnête citoyen, républicain sincère et convaincu, que tous indistinctement avaient en profonde estime.

» Au 2 Décembre, il partait de la Garde-Freinet à la tête d'une compagnie de défenseurs de la Constitution violée. Après avoir fait bravement son devoir jusqu'au bout, il était venu à Nice attendre le réveil de la France.

» Cet homme de bien était toujours prêt à donner l'exemple quand il s'agissait de secourir un malheureux, et jamais les républicains n'ont fait en vain appel à son dévouement pour la cause sacrée qui était pour lui comme l'objet d'un culte patriotique.

» Une foule recueillie accompagnait Vital Pérès à sa dernière demeure, donnant ainsi à ce digne vieillard et à ses enfants une dernière marque de vive sympathie. »

VIDAUBAN

Le bruit des tambours du Luc produisit une sensation joyeuse au sein de la population Vidaubanaise. En quelques instants les républicains furent debout et prêts à suivre, les armes à la main, ces braves Lucquois qui, les premiers, avaient donné l'exemple de la résistance.

La colonne était commandée par un riche propriétaire du Luc, le citoyen Alix Geoffroy, alors âgé de plus de soixante-douze ans, démocrate stoïque et résolu, dont la fermeté, au moment du péril, devait bientôt exciter l'admiration des plus vaillants.

Cette colonne avait dans ses rangs neuf réactionnaires du Luc, qui avaient été arrêtés le 5 au matin. C'étaient : MM. Antonin Amalric, directeur des Postes, renégat du parti républicain ; Giraud, propriétaire ; Einesy, médecin ; Blanc, huissier ; le tisserand Gilly ; Martial Geoffroy, propriétaire ; le comte de Colbert, son neveu et son homme d'affaires. Les gendarmes Mayère, Valdenner, Dromart, Audiffret et Guillon, leur brigadier, étaient aussi prisonniers comme otages.

Forte de sept cents hommes à son départ, elle s'était augmentée en route des contingents de Flassans et de Pignans et de petites bandes de paysans qui venaient se joindre à elle au bruit du tambour, le cri de : vive la République! à la bouche et la ferme résolution de la défendre au fond du cœur.

Vers les sept heures du soir arrivèrent les patriotes de la Garde-Freinet. Comme pour ceux du Luc, on accourut de toutes parts pour les saluer de vivats enthousiastes. Les femmes n'étaient pas moins empressées que les républicains ; ces bonnes créatures sont presque toujours sympathiques aux champions de la cause populaire, lorsque, sans cesser de pratiquer les préceptes immortels du philosophe de Galilée, elles se tiennent à l'écart de ces révérends antichrétiens, « moitié renards, moitié loups », qui ont pour mission « d'éteindre les lumières », afin de mieux asservir les âmes à leurs doctrines ténébreuses.

Après le souper, on s'empressa de songer au lendemain. Plusieurs chefs de l'armée constitutionnelle se réunirent d'abord dans une maison particulière, et par leurs soins des courriers furent dépêchés dans toutes les directions pour inviter les démocrates à se diriger promptement sur le quartier général.

Une autre réunion eut lieu, dans la même soirée, à la maison commune, sous la présidence du citoyen Sermet, médecin de Vidauban. Là, diverses questions furent agitées ; mais la discussion étant publique et tout le monde voulant parler à la fois, on se trouva bientôt dans l'impossibilité de prendre la moindre résolution.

Le courrier ayant été arrêté pendant ces moments

là, on s'empara de la correspondance et les lettres furent apportées au bureau de la réunion. Celles qui avaient trait aux évènements du jour et qui pouvaient être nuisibles à l'insurrection, furent à l'instant livrées aux flammes; les autres, dont quelques-unes contenaient des valeurs, furent rendues à la poste, après avoir été soigneusement recachetées.

La réunion prenait de plus en plus la tournure d'un club indiscipliné et les démocrates intelligents s'épuisaient en vains efforts pour se faire écouter, lorsqu'on vint annoncer l'arrivée du citoyen Duteil, chroniqueur du *Peuple*, de Marseille, qui, d'après une lettre de Paulin David, écrite au nom de la démocratie du Luc, venait prendre le commandement des forces insurrectionnelles du Var.

Poursuivi par les limiers de la réaction marseillaise, Duteil, selon des républicains clairvoyants, s'était réfugié dans le Var avec la double pensée de s'assurer une brillante position au cas où Paris sauverait la République et de faciliter son passage en Piémont si Louis-Bonaparte restait le maître de la situation.

Arrivé à Brignoles pendant la nuit du 4, il s'était présenté au *Café du Cours*, où siégeait le Comité révolutionnaire, lequel était présidé par le citoyen Constan, ancien sous-commissaire du gouvernement provisoire de 1848. Sa haute taille, de fortes moustaches, un sabre au côté, des pistolets à la ceinture et le titre d'ancien officier du génie qu'il s'était, dit-on, attribué, tout cela avait imposé à la réunion et fait croire qu'il serait capable d'organiser une insurrection et de la mener à bonne fin. Mais on n'avait pas tardé à se désillusionner sur son compte : son empressement à parler des dangers qu'il avait courus à Marseille, au lieu de répondre aux questions qu'on lui adressait de tous côtés sur la situation de la République, et ses idées incohérentes lorsqu'on le mit au courant du mouvement qui se préparait dans Brignoles pour le lendemain, avaient suffisamment prouvé qu'il était d'une ambition vaniteuse, sans fixité d'esprit, sans énergie de caractère et parfaitement incapable d'ailleurs de commander un peloton. Aussi son prestige allait-il en diminuant ; et Duteil était à peu près délaissé de tous les citoyens présents, lorsqu'un envoyé du Luc était venu lui apporter la lettre de Paulin David, qui l'invitait à se mettre à la tête de l'armée révolutionnaire du département.

Le lendemain, vers sept heures du matin, les démocrates de Brignoles se réunirent sur le cours et marchèrent sur l'Hôtel-de-Ville, au chant de la *Marseillaise*. On y procéda sans peine à l'installation d'une commission municipale : les défenseurs de l'ordre, si courageux dans la répression, avaient jugé à propos de déguerpir. Ce fut le bon et digne docteur Barbarroux, connu par son austérité républicaine, que le peuple choisit pour présider cette commission. Elle forma tout d'abord le projet de défendre la ville contre l'attaque prévue des prétoriens du héros de Boulogne ; on le pouvait avec les armes et les munitions considérables qui avaient été trouvées à la Mairie; mais on dut se contenter plus tard de sauvegarder la sécurité publique, par suite de la rentrée dans leurs foyers de la plupart des citoyens qui avaient promis de seconder la commission dans tout ce qu'elle entreprendrait pour le salut de la République (1).

Pendant que les républicains s'organisaient à l'Hôtel-de-Ville, Duteil, après bien des hésitations, s'était mis en route avec une escorte de dix-sept volontaires, parmi lesquels on remarquait un ancien spahis en uniforme. Mais, chemin faisant, il avait exprimé des idées si singulières que la plupart de ses hommes avaient jugé à propos de s'en séparer et de retourner à Brignoles.

« A la tombée de la nuit, dit-il dans le récit de ses *Trois Jours de Généralat*, nous arrivâmes à Flassans. Toute la population était sous les armes. On attendait Brignoles et les renforts des autres communes de l'arrondissement pour aller joindre à Vidauban les patriotes du Luc. Je priai un des chefs de nous procurer un char-à-bancs pour aller plus vite. Nous

(1) Barbarroux ne quitta la mairie que le 8, après l'arrivée des troupes commandées par le colonel de Sercey. Pour échapper aux vengeances de la réaction, il se réfugia à Nice, où nous avons été, pendant cinq ans, son compagnon d'infortune et son ami. Il est mort député du Var, tué, comme Alphonse Esquiros, par les émotions violentes qu'il éprouva à la Chambre pendant le règne des sinistres aventuriers qui avaient succédé à la présidence de M. Thiers.

soupâmes à la hâte et, comme la voiture n'était pas encore prête, nous partîmes sans l'attendre. Elle nous rejoignit seulement au Luc.

» Le Luc était encore au pouvoir des démocrates. J'allai à la mairie, où je demandai deux chevaux pour le spahis et pour moi. Les chevaux furent bientôt prêts. Quelques patriotes du Luc devaient grossir mon escorte ; on attela un nouveau char-à-bancs ; on me donna une épée en échange de mon fusil ; je montai à cheval, et me dérobant aux exhortations de femmes en larmes qui me criaient d'aller au secours de leurs pères, de leurs enfants et de leurs maris pour sauver la République, je partis au galop, suivi de mon escorte.

» En route, je me croisai avec un homme à cheval qui cherchait à m'éviter. Le spahis qui était derrière moi, lui barra le passage. Il voulut lui parler, mais pour toute réponse, le paysan tira un pistolet d'arçon de sa ceinture. Prompt comme l'éclair, le spahis le désarma et fit même feu sur lui avec son propre pistolet ; heureusement l'arme rata. On lui tira un coup de fusil qui rata aussi. L'inconnu fuyait à toute bride. Mes hommes voulaient le poursuivre. J'eus toutes les peines du monde à leur faire comprendre que ce devait être un courrier envoyé de Vidauban au Luc, qui avait pris le spahis pour un gendarme.

» Enfin, nous arrivâmes à Vidauban. Les sentinelles nous crièrent : Qui vive ! Je fis arrêter les deux voitures et m'avançai seul pour me faire reconnaître. »

Arrivé devant la Mairie, Duteil descendit de cheval, monta l'escalier à travers une foule de curieux et entra dans la salle du Conseil, où il fut accueilli à bras ouverts par ceux qui le connaissaient déjà. En même temps, le reste de l'assemblée se groupa autour de lui dans la pensée qu'il allait tout d'abord s'informer des dispositions prises et donner des ordres pour le lendemain.

Au lieu de cela, ce nouveau chef qui, à la vérité, devait être brisé de fatigue, eut la malencontreuse idée d'aller s'asseoir devant la cheminée et de demander qu'on lui allumât le feu, chose qui produisit sur la foule une impression d'autant plus défavorable que la température de la salle était en ce moment très élevée.

Il était à peine assis, que le commandant de la Garde-Freinet, déjà irrité par les propos décourageants d'un propagandiste de Vidauban, s'écria de sa voix stridente :

— Quel est donc ce général révolutionnaire qui commence par songer à sa personne avant de s'occuper de son armée ?

Duteil sentit le trait, tourna lentement la tête vers Amalric, lui lança un regard significatif, mais ne répondit rien.

Au même instant, éclata dans la salle une scène dont les suites eussent été bien regrettables si l'un des deux acteurs n'avait pas cédé aux exigences de l'autre, qui, du reste, agissait au nom d'une impérieuse nécessité.

On avait discuté, avant l'arrivée de Duteil, sur la question capitale : celle de marcher sur Draguignan.

Tout le monde, sauf quelques citoyens irrésolus, était de cet avis.

Le citoyen Maillan, propriétaire à Vidauban, président de la société dite *la Montagne*, était le principal opposant et avait irrité au dernier point les partisans du projet, en cherchant, par divers moyens, à contrarier leur résolution.

Cette conduite pouvant jeter le découragement dans les compagnies vidaubanaises et occasionner de nombreuses défections, il importait qu'on prît au plus tôt des mesures pour y mettre un terme; mais personne n'avait encore osé employer la violence contre un homme qui était de bonne foi après tout et qui avait d'ailleurs puissamment contribué aux triomphes électoraux des républicains à Vidauban.

Enfin, un léger motif (le sceau de la Mairie, que Maillan refusait de livrer à la réunion) donna lieu à de vives explications, à la suite desquelles Campdoras, après avoir reproché à Maillan, à tort ou à raison, le renvoi des patriotes du Plan-de-la-Tour et l'évasion des gendarmes que les Vidaubanais avaient incarcérés, lui déclara que s'il continuait à agir de la sorte, il le ferait immédiatement fusiller.

Fortement ébranlé, non par la menace, mais par les nombreuses colères que sa résistance avait soulevées, Maillan cessa, dès ce moment, de s'opposer au projet de la réunion, et se mit résolûment, le lende-

main, à la tête des quatre cent quatre-vingt-sept
volontaires de sa commune.

Après cette regrettable scène, Maillan s'étant
approché de Duteil, lui demanda quel était le but de
son arrivée au milieu des insurgés.

Pour toute réponse, Duteil lui montra la lettre de
Paulin David; celui-ci en confirma le contenu, et
Duteil fut agréé comme général, nonobstant les chu-
chottements d'un certain nombre de patriotes, qui ne
pouvaient se résoudre à voir un homme d'épée dans
un journaliste dont les défauts saillants étaient la
mollesse et la divagation.

Duteil fut ensuite invité à prendre place au bureau
de la réunion. Là, que fit-il? A sa place, un homme
vraiment sérieux, après avoir, par une allocution
énergique, imposé silence à la foule, aurait provoqué
une discussion régulière, calme, solennelle, sur les
moyens à employer pour propager l'insurrection et
la mener à bonne fin; mais cette manière grave
de traiter les choses ne pouvait convenir à la légèreté
désordonnée de Duteil, qui aima mieux s'entretenir
de la situation avec Pierre et Paul, écrire une proclamation encore inédite, et s'occuper, avant toute chose,
de son équipement de général!

— Procurez-moi, dit-il à des chefs qui, harassés de
fatigue, se disposaient à aller prendre un peu de repos,
un cheval, des bottes et des éperons pour le départ.

Et tous, de rire et de s'écrier en descendant l'escalier
de la Mairie :

— Voilà un drôle de général!

Pourtant, telle n'était pas la pensée de tous les patriotes, car, en présence de ce chef révolutionnaire, assis devant le feu, les jambes allongées, et pérorant sans jamais prendre la moindre décision, il y en avait qui songeaient à la rapidité des heures et qui se demandaient si ce général frileux et indécis était bien un républicain.

— Eh! que f...-vous donc là? lui dit avec colère un de ces derniers; une besogne comme la nôtre ne se fait pas en restant continuellement assis. Puisque vous voulez être général, montrez au moins que vous êtes capable d'en remplir les fonctions.

— Ah! c'est ainsi qu'on me parle! s'écria Duteil, avec vivacité; eh bien! je m'en vais; un ancien officier du génie ne doit pas souffrir plus longtemps de semblables apostrophes.

— Non, non, général; restez, lui dit le bon Martel, qui, avec juste raison, avait confiance dans le républicanisme de Duteil. Et vous, mes amis, songez que le général est exténué de fatigue et que, dans tous les cas, il a droit au respect de tous ses compagnons d'armes.

Ces paroles conciliantes du *Curé*, surnom que les insurgés avaient donné à Martel, firent cesser les murmures, mais ne détruisirent pas le soupçon, car dans le même moment, un autre citoyen ayant tiré Martel à l'écart, lui dit que Duteil était un traître et qu'il fallait s'en débarrasser au plus vite, projet auquel

Martel s'opposa de toutes ses forces et qu'il empêcha de mettre à exécution.

Ainsi, pour les uns, Duteil était un *drôle de général;* pour les autres, il était un faux républicain (1).

Pauvre insurrection !

Enfin, Duteil, cédant aux exigences de ses fonctions, se décida à prendre les rênes du commandement, en donnant l'ordre aux chefs qui se trouvaient alors dans la salle de faire mettre tout le monde sous les armes.

Seize à dix-huit cents hommes ayant été réunis sur la place de la Mairie, on retourna auprès du général pour savoir quelles étaient ses intentions et pour recevoir ses ordres.

— J'ai voulu m'assurer, dit-il, si, en cas de surprise, je pourrais compter sur mon armée; à présent je voudrais en connaître l'effectif et la passer en revue.

Les chefs firent alors le dénombrement de leurs hommes et les ayant fait ranger en ligne de bataille,

(1) Quelques heures après l'élévation de Duteil au généralat, dit M. Ténot, arriva près de Vidauban une bande d'insurgés venant de Saint-Raphaël, près de Fréjus. Elle était commandée par un homme de beaucoup d'esprit, M. Hennequin. On lui apprend que Camille Duteil vient d'être nommé général de l'insurrection. — Camille Duteil, général ! s'écrie M. Hennequin ; je connais l'homme, mes amis ; retournons chez nous. C'est tout ce qu'il nous reste à faire. Et il commande un demi-tour à ses hommes, qui retournent avec lui à Saint-Raphaël.

attendirent que le général se présentât pour accomplir le premier acte solennel de son commandement.

L'attente fut longue, ennuyeuse, pénible. Il faisait, à la vérité, un beau clair de lune, mais la température était glaciale. Aussi, le mécontentement contre Duteil était-il devenu presque général, lorsque le bruit du tambour annonça son arrivée.

Enfin, il parut, accompagné de quelques chefs de la démocratie de Draguignan; puis il parcourut le front des bandes constitutionnelles, jeta çà et là quelques regards distraits, fit rompre les rangs et s'empressa d'aller se rasseoir devant la cheminée de la Mairie.

Là, de nouveaux débats s'ouvrirent sur le départ du lendemain. Le citoyen-Imbert, charron, qui arrivait de Draguignan, avec le citoyen Achard, sellier, raconta les préparatifs que les décembristes avaient faits dans la ville pour repousser les républicains : sept cents hommes de troupes de ligne, de nombreuses brigades de gendarmerie, quatre cents réactionnaires armés jusqu'aux dents, un approvisionnement considérable de munitions, la préfecture entièrement barricadée, tels étaient ces préparatifs de défense. Il ajouta qu'il n'y avait pas à compter, pour une diversion, sur les démocrates du chef-lieu, presque tous découragés, et que marcher sur Draguignan avec des citoyens mal armés et sans discipline, serait un acte de témérité dont les conséquences pourraient être désastreuses pour l'insurrection.

Duteil, qui dans des conversations particulières,

avait exprimé le même avis, se rangea sans balancer du côté du chef dracénois ; mais bien que les renseignements d'Imbert fussent conformes à ceux que donnait M. Théüs, maire de Draguignan, dans une lettre qui avait été saisie à Brignoles sur un gendarme (1), les chefs de la colonne ayant foi dans le succès de l'attaque, ne voulurent point revenir sur leur courageuse détermination.

Et ils avaient raison, selon nous et selon beaucoup d'autres !

Prendre le chef-lieu, c'était se rendre les maîtres du département. Et on le pouvait, car la ville était ouverte de tous les côtés, la garnison presque nulle (2), les réactionnaires peu courageux, les campagnards bien disposés à combattre et notre quartier général attendant des renforts de toutes les communes environnantes.

« J'eus beau pérorer, dit Duteil, adjurer, supplier...
— A Draguignan ! à Draguignan ! était leur seule réponse.

» Cependant Imbert, ancien sous-officier du génie, les exhortait de son côté à ne pas aller dans ce coupe-gorge.

---

(1) Entre autres choses, M. Théüs demandait au nouveau préfet, M. Pastoureau, la mise en état de siège du département, pour en finir promptement avec la *démagogie*.

(2) Sur les 700 hommes de troupe, on comptait 470 conscrits nouvellement enrôlés et appartenant en majeure partie à l'opinion républicaine.

» En outre, le courrier de Brignoles arrivait avec
une lettre de Giraud (1), dans laquelle il annonçait
que la position de Brignoles était trop importante à
défendre pour qu'il se résolût à l'abandonner un seul
instant.

» Malgré la fâcheuse décision des Brignolais, malgré tout ce qu'Imbert et moi pûmes dire :

» A Draguignan ! à Draguignan ! me criait-on de
tous côtés.

» Chacun courait çà et là pour faire ses préparatifs
de départ; on ne m'écoutait plus. Pour en finir, je fis
battre le rappel, former la colonne, et, feignant de
céder à l'enthousiasme général, j'ordonnai de marcher
sur Draguignan. »

(1) Giraud était un ingénieur civil distingué. Il mourut en
exil, à Port-Maurice (États Sardes), le 25 mai 1854.

LES ARCS

La colonne chemina en assez bon ordre, au chant de la *Marseillaise*, et sans incident qui mérite d'être rapporté, si ce n'est la rencontre au pont de l'*Argens* des citoyens Paul Cotte (1) et Dauphin, délégués de Salernes, qui venaient offrir au général un renfort de cinq cents hommes, emmenant avec eux le brigadier de gendarmerie de Vidauban, que l'on avait trouvé caché dans une auberge au point de jonction des quatre chemins.

Vers les 8 heures du matin, les insurgés entrèrent aux Arcs, dernier village sur la route de Draguignan. Ils y furent accueillis par les vivats des républicains militants et les témoignages sympathiques du restant de la population.

Presque au même instant arrivèrent — tambour battant, drapeau rouge déployé, — les contingents

(1) Cotte a été préfet du Var sous le gouvernement du 4 septembre. Il est aujourd'hui député du même département. Républicain consciencieux, il remplit son mandat avec zèle, s'abstient rarement et vote toujours comme un fidèle ami du peuple.

du Muy, de Bagnols et du Puget-de-Fréjus, composés
d'au moins quatre cents hommes assez bien pourvus
d'armes et de munitions.

Une réunion générale des chefs eut lieu, après le
déjeuner, dans un local situé hors du village, sur la
route de Draguignan, pour délibérer une dernière
fois sur la direction à prendre et pour discuter un
plan de campagne dont la simplicité faisait tout le
mérite. Ce plan consistait en ceci :

Diviser l'armée insurrectionnelle en deux colonnes
qui devaient se diriger, d'abord l'une sur Salernes
et l'autre sur le Muy, dans le but de rallier les démocrates des communes circonvoisines de chacune de
ces deux localités; marcher ensuite sur le chef-l
en recrutant, chemin faisant, le plus possible de
patriotes; se rejoindre devant la ville le lundi matin;
envoyer immédiatement à la Préfecture quatre parle-
mentaires, dont deux choisis parmi les otages; et
enfin, en cas de refus de livrer la place, l'attaquer
par plusieurs points à la fois, aux cris de : Vive la
République! Vive la Constitution!

Ce plan ayant été approuvé à l'unanimité, on leva
la séance et l'on retourna aux Arcs. En même temps
Imbert et Achard retournèrent à Draguignan pour
prévenir les patriotes de l'arrivée prochaine de la
colonne et leur dire de se tenir prêts.

Sur ces entrefaites, le bruit se répandit dans les
rangs que la femme de Méric, du Luc, venait de
recevoir de Belle-Isle, où son mari était détenu,

une lettre dans laquelle celui-ci lui annonçait sa délivrance (1).

Le crédule Duteil, se figurant que Louis-Bonaparte était vaincu, demanda aussitôt à voir les prisonniers pour les rassurer sur les suites du triomphe des républicains.

— Messieurs, leur dit-il, l'insurrection a été victorieuse à Paris; la démocratie est au pouvoir pour toujours; mais, rassurez-vous, il ne vous sera fait aucun mal.

En sortant de la salle, il se mit à pleurer en pensant que ses enfants, qui habitaient sans doute Paris, avaient pu être victimes de la lutte sanglante qui devait avoir eu lieu entre les soldats et les citoyens.

— Oh! oui, nous avons la victoire, s'écria-t-il en s'adressant à Cotte; mais qui me rendra mes enfants!

Cotte le consola sans peine, car un instant après, ne songeant plus qu'à la gloriole, il demanda un cheval pour lui et un pour Cotte, dont il voulait probablement faire son aide de camp.

Ce dernier, sachant que rien ne tue comme le ridicule, s'écria :

— Non, non, général : quand mes frères d'armes vont à pied, je ne dois pas aller à cheval!

On peut juger par là, une fois de plus, de ce qu'il y

---

(1) Englobé dans le complot de Lyon, Méric avait été arrêté et condamné à deux ans de détention. Après le Coup d'Etat, *alors qu'il était à Belle-Isle*, la Commission mixte du Var le condamna à l'expulsion du territoire français.

avait à attendre de Duteil : sans fixité dans les idées,
sans énergie dans la volonté, il disait presque toujours
oui lorsqu'il fallait répondre *non*, et cela produisait un
désordre qui décourageait les plus braves et les plus
résolus.

Ainsi, après son départ pour Salernes, de nombreux
volontaires et le contingent des Arcs étaient restés
sans ordres et sans chefs, et la colonne qui se dirigeait
sur le Muy avait été obligée, par suite des fluctuations
cérébrales du général, qui hésitait encore à marcher
sur le chef-lieu, de retourner aux Arcs, de se remettre
en route pour le Muy et de rebrousser chemin une
seconde fois. En recevant la troisième estafette,
Amalric bondit d'impatience ; et il était sur le point
de désobéir à ce nouvel ordre du général, lorsque
prévenu par un courrier que les troupes, en ce
moment au Luc, se disposaient à repartir pour
Draguignan, il jugea prudent de retourner aux Arcs,
où il trouva l'ordre de se diriger sur Salernes.

Avant de raconter les incidents qui marquèrent le
passage de l'armée démocratique à Salernes, citons
quelques faits à l'appui de l'opinion que nous avons
émise sur le caractère des républicains Varrois.

Disons d'abord que ces hommes qui, selon les
réactionnaires, ne rêvaient que le pillage, l'incendie
et le meurtre, furent toujours pleins d'humanité pour
ceux de leurs ennemis qu'ils avaient cru devoir
prendre comme otages.

Les « barbares » de la Garde-Freinet poussèrent la

cruauté jusqu'à permettre à leurs persécuteurs, même
à leurs « bons amis » les gendarmes, de faire route
en voiture lorsqu'ils en témoignaient le désir. Un
certain nombre usèrent de la permission; quant aux
autres, on s'empressa de leur accorder tout ce qui
était humainement possible en de semblables circonstances. A Vidauban, ils furent logés dans une
des salles de la Mairie, où se trouvaient déjà les
prisonniers du Luc. Tous les otages eurent une
meilleure nourriture et de meilleurs lits que la plupart
de ceux qui avaient été leurs victimes.

« En quittant les Arcs, dit Duteil, j'avais ordonné
qu'on fît monter nos captifs sur des carrioles et qu'on
eût pour eux tous les égards dus au malheur. Un
brigadier de gendarmerie, qu'on m'avait dit être de
Libourne, eut l'imprudence de répondre à Eugène
Gallice, du Luc, qui cherchait à le rassurer et à le
consoler :

« — Vous nous tenez maintenant; mais les soldats
» tiennent vos femmes et vos enfants, et nous serons
» bien vengés, soyez tranquilles ! »

» Les paroles du brigadier furent entendues par un
de ses ennemis personnels et rapportées à la tête de
la colonne. Un groupe se forma et bientôt il fut décidé
que le brigadier au moins ne jouirait pas du plaisir
de la vengeance. Heureusement que, prévenu, je pus
intervenir et, à force de prières, j'obtins la grâce de
mon *compatriote.* »

Nous ajoutons à ceci que, sans les prières de Duteil,

le brigadier n'aurait sans doute pas reçu la moindre égratignure, et qu'il n'en eût certainement pas été de même, la suite de cette histoire le prouvera, si au lieu de soutenir le crime, il eût tiré l'épée pour la défense de la loi, et que, prisonnier des brigands de l'ordre, il leur eût tenu de semblables propos.

Oublié aux Arcs, comme tant d'autres, le capitaine des patriotes de Saint-Tropez, Martel, fut témoin d'une scène moins inquiétante que celle du brigadier, mais non moins pénible pour une âme bonne comme la sienne.

Le Maire du pays, M. Truc, venait d'être arrêté dans sa chambre, où le retenait un mal de jambe, et avait été mis dans une carriole pour être joint aux otages. Emu de pitié, Martel s'avança vers les citoyens rassemblés autour de M. Truc, et leur conseilla, dans l'intérêt de leur honneur, de le relâcher ou tout au moins de surseoir à sa mise en route pour Salernes. Presque tous les insurgés furent de l'avis du capitaine; mais les autres (sans doute les victimes des persécutions de ce magistrat acrimonieux) ne voulurent rien entendre. On se mit donc en route avec le prisonnier. Mais on était à peine hors du village que les bonnes paroles de Martel avaient déjà porté leur fruit. La débâcle autour de la carriole devint générale, le Maire fut ramené chez lui; et la compagnie des Arcs, entraînée par le capitaine de Saint-Tropez, se porta sur Salernes au cri répété de: Vive le citoyen Martel!

Ainsi, comme on vient de le voir et comme on le
verra bien des fois encore au cours de cette histoire,
les républicains du Var sont incapables d'exercer leurs
vengeances jusqu'au bout, lorsqu'il s'élève parmi eux
une voix miséricordieuse. « Ah! si jamais nous les
tenons!... » disent-ils en crispant les poings avec
rage chaque fois qu'ils sont en butte à la haine
impitoyable de leurs ennemis; et quand le moment
des représailles est arrivé, que font-ils? Rien! 1830
et 1848 sont là pour en donner surabondamment des
preuves.

— Et le meurtre du brigadier de gendarmerie de
Cuers?...

— Le brigadier Lambert avait été chargé par les
autorités de Toulon de surveiller nos démarches auprès
des républicains de Pierrefeu, pendant une visite de
propagande que nous leur fîmes en novembre 1851,
visite qui avait été annoncée par eux à leurs coreligion-
naires d'alentour. Ce brave brigadier, jeune encore
s'il nous en souvient bien, loin d'être provoquant, ainsi
que tant d'autres agents du ministre d'Hautpoul, qui
agissaient comme de vrais mouchards, se contenta de
stationner avec ses hommes sur la place de l'*Orme*,
par suite de l'assurance qui lui avait été donnée par
des monarchistes du pays, que nous étions un démocrate ardent, mais honnête, et que soit dans nos écrits,
soit dans nos discours, nous n'avions pas l'habitude
de sortir un seul instant des bornes de la légalité.
Aussi avons-nous été un de ceux qui ont sincèrement

déploré la malheureuse fin de Lambert. Mais qui donc
oserait nier les circonstances atténuantes de ce meurtre? Le brigadier eut d'abord le tort de céder au maire
de Cuers, M. Barralier, dit *Mangeo-Brayos* (1), qui vint
le sommer à la caserne de gendarmerie, de l'accompagner avec ses quatre hommes à l'Hôtel-de-Ville, et de
lui prêter main-forte pour agir contre les défenseurs
de la loi fondamentale du pays. Ce tort s'aggrava
ensuite, lorsque, séparé du Maire par un mouvement
brusque de la foule, Lambert tira son sabre pour en
frapper les citoyens qui voulaient l'empêcher d'aller
rejoindre le complice avoué du guet-apens. C'est alors

(1) Ce sobriquet de *Mangeo-Brayos* avait le don de mettre
en gaieté les concitoyens du sieur Barralier. On le lui avait
donné à la suite du fait que voici: Barralier avait été un
des parasites du château d'Albertas, à Puget-Ville. Non
content de se rendre désagréable aux serviteurs de la maison
par des allures aristocratiques de mauvais aloi, il se
permettait encore de critiquer la manière dont le cuisinier
apprêtait les mets. Blessé dans son amour-propre, celui-ci
chercha le moyen de donner à ce gourmet de bas étage
une preuve incontestable de sa supériorité dans l'art
culinaire. Le moyen trouvé, il attendit, pour s'en servir, que
M. d'Albertas et sa famille fussent en voyage. Peu de jours
après le départ de ceux-ci, Barralier arrive au château
dans la matinée, annonce qu'il y dînera, et au coup de
midi, va s'attabler sans façon dans la salle à manger.
Après le potage, on lui sert un plat qui ressemble assez à
du gras-double et qui exhale une odeur délicieuse. Il en
mange aussitôt et le trouve si bon qu'il s'en « pourlèche les
babines ». Quand il s'en est bien rassasié, le cuisinier entre,
souriant, la bouche en cœur, le bonnet de coton à la main
et lui demande comment il a trouvé ce nouveau plat de sa

seulement que le malheureux Lambert paya de sa
vie la faute de n'avoir pas obéi à l'article 110 de la
Constitution.

D'ailleurs, qu'est-ce que ce fait isolé comparé aux
abominables tueries que nous aurons bientôt à
raconter et dont vous avez été les impitoyables
instigateurs?

façon. — Excellent, mon ami, excellent. Je vous engage
même à nous en servir le plus souvent possible. — Quand
vous serez seul, je n'y manquerai pas, Monsieur Barralier;
mais quand mes maîtres seront au château, je vous préviens
que je ne le pourrai pas. — Pourquoi cela? — Parce qu'ils
ne seraient pas bien aises de manger d'un tel plat. — Que
venez-vous donc de me servir? dit Barralier avec une certaine
anxiété. — Oh! ne soupçonnez rien de mauvais, mon bon
monsieur: la chose a été bien savonnée, bien battue, bien
rafraîchie... — Pas tant d'explications, et arrivons au fait.
Que m'avez-vous donc fait manger? — Peu de chose, Monsieur Barralier: la culotte en peau de daim du cocher de
M. d'Albertas!...

Nous renonçons à peindre le fou rire des domestiques
présents à cette scène et la stupéfaction comique de Barralier
qui, à partir de ce jour-là, ne fut plus connu dans le canton
que sous le nom de *Mangeo-Brayos*.

LORGUES

Il était une heure de l'après-midi lorsque la colonne Duteil, aperçue par des habitants de Lorgues, au midi de la ville, sur le chemin du Plan, vint troubler la fête d'un jubilé prêché par les capucins. Aux cris d'alarme qui retentirent subitement, la foule, qui jouissait sur le Cours d'une belle journée d'hiver, s'émeut et s'effraie; le Maire convoque le conseil; la gent légitimiste et cléricale s'agite; des gardes nationaux arrivent bientôt de tous côtés et se réunissent à l'Hôtel-de-Ville.

En entendant sonner le tocsin et battre la générale, Duteil envoya son avant-garde pour rassurer la population. Comme on ne voulait pas la laisser passer, il arrêta la colonne et donna l'ordre à son spahis de se rendre comme parlementaire auprès des autorités. Celui-ci arriva sur le Cours, où se trouvaient rangés en bataille, devant la Mairie, une centaine de légitimistes armés, sous le commandement de M. Courdouan, maire, entouré de quelques notables et de la plupart des conseillers municipaux.

Le Maire, suivi du juge de paix et de M. d'Agnel-

Bourbon, conseiller général, s'avança aussitôt vers le spahis et lui dit brusquement:

— Que voulez-vous?

— Le général républicain Duteil, répondit le spahis, veut entrer dans la ville pour y faire restaurer son armée.

— Avez-vous un ordre de route?

— Non, monsieur.

— En ce cas, je ne puis parlementer avec vous.

Sur ces mots, l'aide de camp de Duteil s'apprêtait à tourner bride, lorsque le juge de paix, en homme prudent, le chargea de répondre au général qu'une partie des autorités serait bien aise de parlementer directement avec lui. On convint alors d'un rendez-vous, et le spahis retourna auprès du général, qui ne manqua pas, quelques instants après, de se rendre au lieu désigné.

« Je trouvai là, dit Duteil, un monsieur décoré que je pris pour le maire de Lorgues. Je m'adressai à lui en le saluant; mais il me répondit avec calme et politesse et même avec un sourire sardonique, qu'il n'était venu que pour assister M. le juge de paix, avec lequel j'avais à m'entendre..

» Alors je cherchai le juge de paix, que me cachait la tête de mon cheval. Il s'avança pimpant sur la pointe des pieds pour se grandir. L'air martial de ce petit bonhomme me rappela ce brave échevin de Bordeaux qui mourut de joie d'avoir eu un cheval tué sous lui dans une échauffourée de la Fronde.

» — Qui êtes-vous? me dit-il. Que demandez-vous?
Pourquoi ces hommes? Je vous préviens que nous
sommes déterminés... à nous défendre jusqu'à la
mort !

» — J'en suis persuadé, lui répondis-je; mais il ne
s'agit pas de cela pour le moment; nous sommes des
démocrates et, comme tels, les défenseurs de la
Constitution. Je demande un peu de pain et du vin
pour faire rafraîchir mes hommes.

» — Pour du pain et du vin, on va vous en donner;
mais arrêtez votre colonne, car autrement il arrivera
malheur.

» — Eh! monsieur, nous n'avons pas besoin de
nous battre. En votre qualité de juge de paix, vous
devez être pour le droit et par conséquent pour la
Constitution, dont nous sommes les défenseurs.

» — Je suis pour qui je suis, cela ne regarde
personne. D'ailleurs, dans un pareil moment, on ne
doit pas s'occuper de politique. Je vais vous faire
apporter du pain et du vin; mais n'avancez pas, car
nous sommes bien décidés à vous repousser, je vous
en avertis.

» Quoique certain de la victoire, si j'ordonnais seulement de battre la charge, comme je tenais autant
que le juge de paix à ce qu'il n'y eût pas la moindre
collision à Lorgues, et pressé de me rendre à Salernes,
je consentis à faire le tour de la ville pour continuer
ma route dès qu'on aurait distribué du pain et du vin.
Je lui donnai ma parole et il s'en fut radieux.

» Probablement qu'au lieu de s'occuper de nous envoyer des vivres, il s'était mis à raconter comme quoi, à force de sang-froid et d'audace, il était parvenu à m'épouvanter, car nous attendîmes plus d'une heure le pain et le vin qu'on avait promis d'envoyer tout de suite. »

Pendant que le général de l'armée constitutionnelle parlementait avec des gentillâtres et des sacristains galvanisés par les dépêches du Coup d'État victorieux, la colonne de la Garde-Freinet était arrivée à une petite distance de Lorgues, et avait fait halte en apercevant celle de Duteil, que celui-ci avait échelonnée sur un chemin de traverse, au milieu des champs.

Le général envoya immédiatement une estafette aux nouveaux arrivés pour leur enjoindre de venir se ranger en bataille derrière sa colonne.

En même temps, un envoyé de la mairie apporta un ordre semblable, ajoutant que le Maire allait faire distribuer des vivres, mais qu'il refusait le passage des insurgés, dans la ville, où l'on était bien disposé à les recevoir à coups de fusil.

Déjà irrité par les indécisions et les inconséquences de Duteil, Amalric répondit à ces prétentions en ordonnant à ses hommes de marcher sur la ville et de faire feu sur quiconque voudrait les en empêcher.

Satisfaite dans son impatience, la colonne s'ébranla aussitôt et se dirigea sur Lorgues, où elle arriva quelques instants après, tambour battant, sans avoir rencontré la moindre résistance. Il est vrai que l'attitude de ces braves républicains était toute militaire et qu'ils paraissaient bien résolus à briser tous les obstacles qui auraient pu s'opposer à leur passage. En entrant dans la ville, on ne tarda pas à se convaincre que l'intention des décembristes n'était pas de résister, mais seulement de se défendre en cas d'attaque. La place était déserte, la Mairie fermée. Sur le balcon de l'Hôtel-de-Ville, où le Maire se promenait avec son écharpe, on voyait une foule de gens armés de fusils. Il y en avait aussi aux fenêtres de cet édifice, à celles des maisons voisines et jusque sur les toits.

Loin d'être intimidée par ces dispositions menaçantes, la colonne vint se masser sur la place, et plusieurs de ses chefs s'avancèrent vers l'Hôtel-de-Ville pour s'en faire ouvrir la porte.

— Que voulez-vous, messieurs? dit un sergent de ville qui sortait au même instant de la maison commune. Pourquoi avez-vous enfreint les ordres de M. le Maire?

— Ce n'est pas à vous que nous avons à répondre, dit le commandant avec un ton d'autorité. Faites descendre le Maire; nous avons à lui parler.

Le Maire fit répondre qu'il ne descendrait pas; mais que si on voulait absolument le voir, on pouvait se présenter dans la salle des délibérations.

Les chefs firent alors rouvrir la porte de la Mairie, que le sergent de ville referma soigneusement dès

qu'ils furent entrés ; puis ils armèrent leurs fusils, par
précaution, et montèrent dans la grand' salle, qu'ils
trouvèrent encombrée d'individus armés jusqu'aux
dents.

— Bonjour, citoyens, dirent-ils en les saluant avec
une certaine politesse.

— Bonjour, messieurs, répondit le Maire sur le
même ton ; il était convenu avec votre chef que la
colonne demeurerait tout entière hors de la ville, et
je ne comprends pas pourquoi il n'a pas été tenu
compte de cette promesse.

— Si le général a fait une sottise, s'écria un des
chefs, ce n'est pas une raison pour que nous en
subissions les conséquences. Nous ne sommes pas ici
en ennemis ; nous sommes les soldats de la Constitution ; et nous ne comprenons pas, de notre côté, que
vous ayez pu, vous, un fonctionnaire de la République,
vous entourer de gens qui nous soient hostiles. Dans
leur intérêt comme dans le vôtre, monsieur, nous vous
engageons à leur ordonner de se retirer, car, dans
le cas contraire, nous ne pourrions plus répondre des
intentions pacifiques de nos hommes.

— Il faut de plus, ajouta Campdoras, que vous nous
fassiez distribuer immédiatement des vivres et qu'on
prépare ensuite des billets de logement pour le cas
où nous voudrions passer la nuit ici.

Le Maire s'étant vivement récrié à cette dernière
injonction, Campdoras lui répondit en relevant
fièrement la tête :

— Le peuple n'a pas en ce moment à subir votre volonté, monsieur, et vous avez à obéir à la sienne.

Ce disant, il se dirigea vers l'escalier, suivi de ses camarades et, cela va sans dire, des principaux membres de la municipalité.

Ces messieurs prévoyant les conséquences de leurs fanfaronnades, avaient subitement changé d'allure et de langage; et c'est le chapeau bas qu'ils accompagnèrent les élus du peuple jusque sur le seuil de la porte extérieure, en leur donnant les assurances les plus vives de leur dévouement et de leur obéissance.

Les hommes de Duteil n'avaient pas non plus été satisfaits des dispositions qu'il avait prises avec le juge de paix. S'apercevant de la sottise qu'il avait faite et ne pouvant d'ailleurs plus retenir ses soldats, que les démocrates de Lorgues cherchaient à entraîner avec eux, le général envoya un nouveau parlementaire à la Mairie pour dégager sa parole, en se fondant sur ce que, pour aller à Salernes, il lui fallait absolument passer par Lorgues.

Au lieu de le dégager immédiatement, le Maire lui fit répondre qu'il allait en délibérer avec son conseil.

Quelqu'un s'écria alors :

— Méfions-nous! Ils nous feront attendre jusqu'à l'arrivée des prétoriens de Louis-Bonaparte!...

Aussitôt, la colonne tout entière cria : En avant! Duteil, éperdu, se précipita au-devant de ses hommes en les suppliant de ne pas le faire manquer à la parole qu'il avait donnée en leur nom. Il menaça même de briser son épée; mais ce fut en vain : au bruit des tambours de la Garde-Freinet, qui entraient dans Lorgues, la colonne oublia son chef qui, après avoir été bousculé, fut entraîné vers la ville comme par un tourbillon. Ce fut le septuagénaire Alix Geoffroy, chef du contingent du Luc, qui ordonna aux tambours de battre la marche et qui montra comme toujours le plus d'énergie et de résolution.

Le général trouva les insurgés de la Garde-Freinet établis sur le Cours et disposés de manière à répondre sur le champ aux mouvements d'agression qui auraient pu se produire des deux côtés de la promenade. Il approuva cette disposition et commanda à ses hommes de doubler les rangs de leurs compagnons d'armes et d'attendre ainsi la distribution de vivres qui allait être faite par les soins de la municipalité.

Au moment où se faisait cette distribution, un bon bourgeois de Lorgues vint demander à Duteil la permission de visiter un de ses amis, qui se trouvait au nombre des otages. Le général la lui accorda; mais lorsqu'il se présenta pour aller dans le café Brisse, où l'on avait enfermé les otages, le factionnaire ne voulut pas le laisser passer, déclarant qu'il ne connaissait que sa consigne. Le bourgeois retourna alors auprès de Duteil pour le prier d'intervenir.

— Hélas! lui répondit celui-ci, avec l'accent d'un chef qui a perdu son autorité, je puis avoir encore assez de pouvoir pour vous faire entrer; mais je ne vous réponds pas que j'en aurai assez pour vous faire sortir.

— Alors, n'en parlons plus, général, s'empressa de dire le bourgeois qui, tout effaré, se retira en saluant jusqu'à terre.

A son tour, Campdoras était venu demander à Duteil la mise en liberté d'un otage du Luc, qui ne voulait pas descendre de voiture dans la crainte qu'on ne le fusillât et qui pleurait à chaudes larmes. Après avoir dégagé sa responsabilité vis-à-vis des insurgés du Luc, Duteil s'approcha du prisonnier et le déclara libre; mais la peur avait tellement saisi ce ci-devant tranche-montagne de la réaction, qu'on fut obligé de le descendre de voiture et de le rassurer de toutes les manières sur les suites de sa délivrance.

Il est vrai que telle n'était pas l'attitude de tous les réactionnaires. On en voyait qui redressaient fièrement la tête. Le Maire et ses acolytes se faisaient un plaisir de parader avec des fusils sur le balcon de l'Hôtel-de-Ville. Comme cela pouvait d'un moment à l'autre amener une collision, le général, au lieu de sommer ces ennemis du peuple de mettre bas les armes, donna l'ordre de battre le rappel et de marcher sur Salernes.

Il faut, avant tout, désarmer les traîtres! criait-on de toutes parts. Les armes! les armes! Faites-leur déposer les armes!

— Mais songez donc, répondait le pauvre Duteil,

que j'ai donné ma parole et que les désarmer serait une trahison !

Ces paroles loyales, mais intempestives, ne produisirent aucun effet sur les insurgés. Elles irritèrent, au contraire, ces braves cultivateurs qui avaient abandonné leurs champs et leurs foyers pour défendre la Constitution violée et non pour obéir aux volontés des complices du Coup d'État.

A la fin, lasse d'écouter les supplications de Duteil, la masse des insurgés se précipita sur l'Hôtel-de-Ville et en enfonça les portes au milieu d'un tumulte inexprimable.

Un des patriotes du Luc, Ferdinand Giraud, monta le premier dans la salle du Conseil, où il ne trouva que quelques réactionnaires qui n'avaient probablement pas eu le temps de fuir, comme leurs compagnons d'armes, par une porte dérobée. Ils furent arrêtés et conduits au café Brisse, où ils ne tardèrent pas à se retrouver avec d'autres chauds monarchistes de Lorgues.

Ces prisonniers étaient : MM. Louis Courdouan, maire de Lorgues; Courdouan, son frère, juge de paix; de Commandaire, ancien garde du corps; Charles de Gasquet, Jules de Gasquet, de Combaud, Andéol de Laval, Crouet, Boyer, Layet, Perreymond, Gasquet, O. Ganzin, Vaquier, presque tous propriétaires ou conseillers municipaux; Peissel, instituteur; et H. Maquan, rédacteur de l'*Union du Var*.

Pendant que l'on procédait à ces arrestations,

Ferdinand Giraud, après avoir arboré le drapeau rouge au balcon de la Mairie, tira un coup de fusil en signe de joie. Plusieurs des assaillants placés sur le balcon y répondirent de la même manière ; mais ces détonations, à la suite desquelles éclata un bruyant enthousiasme, faillirent amener une collision regrettable en laissant supposer aux démocrates éloignés que la lutte était engagée entre leurs frères d'armes et les réactionnaires.

Cependant, grâce aux efforts du capitaine Martel, accouru en toute hâte à la Mairie, on cessa de tirer des coups de fusil, et les Décembristes en furent quittes pour des menaces qui durent leur faire regretter sérieusement leurs fanfaronnades.

Au milieu de ces scènes tumultueuses, un ancien Maire des environs du Luc, tourmenté par le désir de retourner dans ses foyers, sauta d'une fenêtre de la Mairie avec l'intention bien évidente de se faire assez de mal pour qu'on le déclarât incapable de suivre la colonne. Comme la République n'était pas une religion pour ce citoyen ambitieux, et que d'ailleurs on n'avait pas besoin de ses services, on n'hésita pas à lui donner son congé.

Consultés par Duteil, les principaux chefs avaient décidé avec lui qu'on passerait la nuit à Lorgues, et à cet effet ils étaient allés visiter un ancien couvent, qui devait servir de logement à leurs soldats.

Mais le mobile Duteil n'avait pas tardé à changer d'avis. A la nuit tombante, il fit battre le rappel, et celle fois il fut assez heureux pour être obéi de tout le monde.

Les rangs s'étant formés, il détacha une avant-garde, — monta à cheval et s'achemina vers Salernes, suivi de la colonne, qui emmenait avec elle, resserrés entre deux haies, soixante-dix otages environ, confiés à la garde de Paulin David.

M. d'Agnel-Bourbon, qui avait eu le bon esprit de se retirer après la distribution des vivres, sortit alors de sa retraite et se rendit en toute hâte à la Mairie, où se trouvait encore une foule de citoyens composée d'insurgés et de démocrates du pays.

Comme il ne s'attendait pas à rencontrer là « une si mauvaise compagnie », M. d'Agnel-Bourbon, en apercevant ces insurgés, se trouble, balbutie et se considère déjà comme un homme perdu ; mais on le rassure bien vite en le félicitant d'être venu fort à propos pour recevoir une somme de cinq cent cinquante-cinq francs qu'on avait trouvée dans la caisse municipale et qu'on n'avait pas jugé à propos d'emporter pour les besoins de l'armée démocratique.

EN ROUTE POUR SALERNES

Malgré la lenteur de la marche, l'un des otages, M. de Commandaire, ne tarda pas à feindre d'éprouver de grandes difficultés à suivre la colonne. Tout d'abord on resta sourd à ses réclamations; mais, comme tant d'autres fois, on finit par se laisser vaincre. Appuyé sur le bras de Martel, il alla demander une place dans une des voitures occupées par les insurgés malades ou fatigués; ne pouvant en obtenir une, il resta en arrière avec Martel, qui, pour se débarrasser de ses supplications, lui donna la clef des champs. Nous avons appris, plus tard, que « la goutte avait eu alors assez d'esprit » pour quitter ce champion vermoulu d'une cause plus vermoulue encore. M. de Commandaire fut-il du moins reconnaissant des égards que les républicains avaient eus pour lui comme pour les autres otages? Pas le moins du monde, car, nommé commandant de la garde nationale, dès son retour à Lorgues, son premier acte, en apprenant la déroute d'Aups, fut d'organiser des patrouilles de volontaires pour arrêter les insurgés qui avaient échappé aux poursuites des soldats et des gendarmes.

Restés en arrière pour rallier les démocrates

attardés, Campdoras, Amalric et plusieurs autres chefs rencontrèrent le maître de poste de Vidauban, qui arrivait à cheval, porteur d'une dépêche annonçant que les troupes étaient parties du Luc pour se mettre à la poursuite des républicains.

En apprenant cette nouvelle, Duteil s'écria avec énergie :

— Eh bien! qu'ils viennent! nous les attendons!

Ces quelques mots rassurèrent les insurgés sur les intentions de leur général qui, brisé par tant de fatigues diverses, était comme las de vivre, et se serait volontiers battu, nous n'en doutons pas, si les troupes étaient alors arrivées.

Les défenseurs de la loi continuaient leur route, après avoir eu un instant la volonté de retourner pour attaquer les troupes, lorsque Duteil éprouvant le besoin de s'isoler, prétexta un ordre à donner à l'avant-garde et partit au galop, suivi de son fidèle spahis. Après avoir recommandé à l'avant-garde de ne pas se laisser rejoindre par la colonne, il se sépara de son aide de camp, prit un chemin de traverse, galopa quelques instants, puis descendit de cheval et se coucha au pied d'un olivier.

Là, il se passa en lui des choses que pour son honneur il n'aurait jamais dû révéler au public : — Parce qu'à Vidauban, un chef au regard « fauve », sans songer à la fatigue qu'il éprouvait, après une marche forcée, lui avait reproché de se chauffer, alors qu'il s'agissait de se préparer à combattre ; parce que la

masse des hommes était composée de paysans qui,
par la faute de la société, n'avaient pu fréquenter les
écoles et dont le caractère se ressentait des ardeurs
et des brutalités du climat de leurs contrées; parce
que ces mêmes hommes — épuisés aussi par les veilles
et les marches forcées — avaient prétendu boire,
manger et dormir comme à leur habitude; parce que
les chefs, enfreignant des ordres qui leur paraissaient
absurdes, avaient été les premiers à pousser la colonne
sur lui pour la faire entrer dans Lorgues; parce qu'une
poignée de factieux insolents avaient été désarmés et
arrêtés; parce qu'enfin un de ces misérables, comme
il s'en rencontre dans tous les camps, lui avait proposé
d'aller « faire un tour chez les réactionnaires », le
citoyen Duteil, un socialiste éclairé, qui s'était mis
volontairement à la tête d'une insurrection populaire
et qui avait dû prévoir les difficultés de sa situation,
en était arrivé à considérer des futilités comme des
choses graves et à s'en préoccuper au point d'avoir
« horreur de son armée! »

« Je voyais tout en noir, dit-il, la démocratie
ensanglantée, l'anarchie faisant regretter la réaction,
et la liberté échevelée comme la licence... Je voyais
se dresser devant moi l'incendie, le pillage et le
meurtre que je ne pourrais pas empêcher et dont
l'affreuse responsabilité allait retomber sur ma tête. Je
n'étais pour mes hommes qu'un pourvoyeur général,
pas davantage... L'envie de déserter me prit à la gorge;
mais je la repoussai avec plus d'horreur encore que

les funèbres images de mon imagination en délire. Si l'idée du suicide m'était venue, je me serais passé mon épée au travers du corps. »

Ces lignes déplorables furent heureusement rétractées par Duteil, dans les termes suivants, quelques mois après la publication de sa brochure :

« Je soussigné, Camille Duteil, homme de lettres, » auteur d'une brochure ayant pour titre : *Trois jours* » *de Générulat, ou un épisode de guerre civile dans le* » *Var*, déclare qu'il n'est jamais entré dans ma pensée, » en écrivant cette appréciation des évènements du » Var, de déverser le blâme sur les nombreux » démocrates qui s'étaient levés avec tant d'empres- » sement, pour la défense de la Constitution.

» Je déclare, en outre, que si, dans des passages de » mon écrit, j'ai pu paraître injuste envers mes » compagnons d'armes, en leur attribuant des inten- » tions mauvaises, qu'ils étaient bien loin d'avoir, » c'est parce que ces passages avaient été écrits sous » l'influence de rapports qui m'avaient aigri, desquels » il résultait que j'étais l'objet du blâme de l'émigra- » tion, qui me delaissait et me tenait en suspicion.

» J'affirme que mes compagnons d'armes ne m'ont » jamais donné le moindre motif de plainte pendant » les quelques jours que je les ai eus sous ma direction, » et que partout, au contraire, où ils ont passé, ils se » sont conduits de manière à mériter l'estime et la » considération générales,

» J'ajoute que c'est uniquement à la surprise, dont
» nous fûmes victimes à Aups, qu'il faut attribuer
» notre défaite, et non point au défaut de courage des
» défenseurs de la Constitution, réunis dans cette
» ville, qui avaient d'ailleurs prouvé à Salernes, deux
» jours auparavant, combien ils étaient disposés à
» mourir pour la République et pour la défense de
» leurs droits constitutionnels.

» Je déclare enfin avoir encore pour mes compa-
» gnons d'armes les mêmes sentiments d'estime et
» de reconnaissance que je leur ai témoignés dans
» une lettre adressée par moi, de Nice, le 2 janvier
» dernier, à M. Maquan, rédacteur de l'*Union du Var,*
» qui s'était permis de les calomnier.

» Et c'est pour rendre hommage à la vérité et faire
» cesser tous les commentaires malveillants pour la
» cause démocratique, que j'ai signé les présentes
» déclaration et rétractation.

» Fait à Menton, le 23 juin 1852.

» Camille Duteil. »

Cependant le calme revint peu à peu dans l'esprit
de Duteil, et, à ce propos, nous sommes heureux
d'avoir à citer le passage suivant, qui rachète en
quelque sorte les lignes malheureuses qui donnèrent
lieu à la rétractation qu'on vient de lire.

« ... Je me mis à rire des terreurs que je m'étais
» faites. Je pouvais compter sur le patriotisme de mes
» hommes. Malgré tout leur orgueil méridional, ce

» n'était pas une ambition absurde, pas plus qu'une
» basse cupidité, qui leur avait fait prendre les armes;
» c'était le dévouement à la République dans toute
» son abnégation; c'était l'amour de la Patrie dans
» tout ce qu'il y a de plus noble. J'avais déjà brisé
» leur colère en les rappelant à l'humanité et à
» l'honneur : c'est que, sous une rude écorce, l'élément
» généreux dominait chez ces hommes au cœur franc,
» à l'âme candide. A part quelques individualités
» comme X... et Z..., je n'avais pas à craindre qu'ils
» souillassent notre sainte cause par le pillage ou la
» violence; et si ce malheureux petit juge de paix
» n'était pas venu faire ses embarras, si une sotte
» municipalité n'avait pas cherché à faire de l'histoire
» en nous bravant du haut de son balcon, si son
» tambour était resté tranquille, si la cloche n'avait
» sonné que les vêpres, nous aurions passé à Lorgues
» comme de bons amis, comme de vrais moutons. »

Ainsi débarrassé de ses vaines inquiétudes, Duteil,
ne s'étant jamais senti plus de vie, remonta enfin à
cheval et courut bride abattue à Salernes, où la colonne
était impatiemment attendue.

SALERNES

Entonner le refrain immortel de Rouget-de-l'Isle, arborer le drapeau de l'insurrection, établir une Commission provisoire à la place du Conseil municipal, désarmer la gendarmerie, enfin organiser la résistance prescrite aux citoyens par l'article 110 de la Constitution, telle avait été la réponse des Salernais à la dépêche télégraphique du Coup d'État.

Mais leur zèle démocratique ne s'était pas arrêté là : pour relier ce mouvement à celui des autres communes du Var, ils s'étaient empressés de se mettre en rapport avec les républicains de Draguignan, par l'intermédiaire du conseiller général Renoux.

Ce citoyen leur avait écrit le lendemain de son arrivée au chef-lieu :

« On ne se fie pas ici aux promesses du Président. » L'insurrection a éclaté dans un grand nombre de » communes du département; elle se propage dans » les Bouches-du-Rhône. J'attends vos ordres. Vive » la Constitution ! »

Lues en grande assemblée, ces quelques lignes avaient électrisé le peuple; à ses yeux la victoire était déjà certaine; et pourtant, ces mêmes hommes qui

avaient juré de punir leurs persécuteurs, n'avaient pas
même laissé échapper une parole de haine à leur
adresse!

Le surlendemain, Renoux était retourné de Draguignan, avec des nouvelles alarmantes. Découragés
par ces nouvelles, quelques citoyens avaient proposé
de rompre les rangs; mais Cotte s'était élevé avec
force contre cette proposition; et c'est alors qu'il
avait été envoyé avec Dauphin auprès de Duteil pour
lui demander des ordres.

Prévenus plus tard que l'armée constitutionnelle se
dirigeait sur le village, les Salernais, hommes,
femmes, enfants et vieillards, avaient rivalisé d'ardeur
pour que les préparatifs de toutes sortes fussent
terminés à son arrivée. Dans l'excès de leur prévoyance, ces bonnes gens avaient même envoyé
à sa rencontre des carrioles chargées de rafraîchis-
sements.

Enfin, vers les huit heures du soir, elle fit son
entrée dans le village, au milieu d'un concours
immense de population et de démonstrations enthousiastes. On aurait dit une cité romaine battant des
mains sur le passage d'un triomphateur.

Cependant, ces manifestations ne firent pas oublier
que les hommes étaient harassés de fatigue. Après
quelques minutes, ils furent presque tous abrités;
chaque famille, comme au village de Collobrières, un
jour de grande fête, avait disputé l'honneur d'avoir le
plus grand nombre d'hôtes à son foyer.

Le reste de la soirée se passa à établir des avant-postes et des sentinelles perdues.

Le lendemain, au point du jour, après avoir fait sa ronde, Duteil convoqua tous les chefs pour procéder à une organisation régulière de la colonne. Tous les instituteurs qui avaient suivi leurs villages furent employés à tracer des cadres de compagnies. On fit élire ensuite les officiers, les sous-officiers et les caporaux. Ces élections terminées, Duteil convoqua en conseil les anciens chefs et les nouveaux, déposa le commandement, les exhorta à choisir parmi eux le plus capable, déclarant que si le commandement lui était maintenu, il ne l'accepterait qu'à la condition qu'il serait dictatorial, — absolu. Tous les chefs savaient par expérience ce que valait Duteil comme chef supérieur. Cependant, à cause de l'influence que son nom exerçait encore sur une partie de l'armée, on le nomma général en lui adjoignant un comité de défense, auquel il devait recourir toutes les fois qu'il aurait à prendre des mesures extraordinaires.

Dès ce moment, fondre des balles, fabriquer des cartouches, réparer les fusils en mauvais état, forger des piques pour ceux qui n'avaient pas d'armes, passer des revues, monter la garde, pourvoir aux besoins des compagnies qui arrivaient de différents points, telles furent les occupations des insurgés. On s'occupa aussi, ce jour-là, de l'organisation d'un corps de boulangers pour la manutention des subsistances,

L'après-midi, vers les quatre heures, on signala un renfort nombreux qui, comme tous les autres, arrivait tambour battant, drapeau rouge déployé : c'était un bataillon de plus de cinq cents hommes, dont le noyau avait été formé à la Verdière, par le citoyen Charles, rentier du pays, et qui s'était recruté en route de tous les citoyens armés de Varages, de Barjols et d'Entrecasteaux.

A Cotignac, Charles n'avait pu entraîner aucun républicain ; la réaction seule avait pris les armes ; cédant aux belles paroles de leur chef, le citoyen Casimir Long, les démocrates s'étaient tenus dans une réserve absolue. Plus tard, cependant, un certain nombre vinrent se ranger sous la bannière insurrectionnelle, nonobstant l'inaction persévérante de Long, qui, pour faire oublier ses écrits révolutionnaires, préparait peut-être déjà les strophes nauséabondes qu'il adressa un mois après au mitrailleur des boulevards de Paris (1).

(1) Après avoir été arrêté, comme plusieurs autres faux amis du peuple, Long ne se contenta pas de faire parvenir ses lignes rimées au palais présidentiel ; il fit encore avec le sieur M..., du village de X..., « une rude guerre » aux vrais martyrs de Lambessa, ainsi qu'on peut s'en assurer en lisant les lettres suivantes insérées dans un journal légitimiste, l'*Union du Var* :

« Camp de Birkadem (Afrique), 19 mars 1852.

» ... D'abord, je vous remercie d'avoir, au mois de janvier » dernier, inséré dans votre estimable journal quelques vers » que j'avais composés en l'honneur du Prince Président.

Plusieurs incidents vinrent, dans la soirée, interrompre les insurgés dans leurs travaux d'organisation.

Prévenu de l'apparition des soldats sur une montagne, à droite du village, Duteil s'empressa d'y envoyer une compagnie de la Garde-Freinet, qui la gravit au pas de charge. Au lieu de soldats, elle trouva deux chasseurs, dont l'un était décoré. Comme ils n'étaient

» ... Fasciné par les théories de nos modernes et insatiables » novateurs, j'ai cru que la République démocratique n'était » pas impossible en France. L'insurrection du Var a fait tout » ce que les conseils d'honorables amis de l'ordre n'avaient » pu faire. Comme saint Thomas, j'ai vu et j'ai touché. J'ai » vu, de mes propres yeux vu, que l'on voulait nous ramener 93 » et toutes ses horreurs. Mon sang s'est glacé d'épouvante. » Alors, j'ai conseillé, j'ai résisté à l'insurrection. Heureuse- » ment qu'elle a été aussi vite dispersée que soulevée... — » Je reconnais sincèrement que j'avais fait fausse route et » que sans le parti de l'ordre, la France était perdue. — Des » honneurs funèbres ont été rendus à Guibaud, d'Hyères, » mort d'une fluxion de poitrine, et à François, de l'Hérault. » Une députation de transportés les a accompagnés sur le » bord de la tombe. Plusieurs orateurs ont pris la parole et » tous ont parlé de la même manière, c'est-à-dire dans un » sens qui n'est plus le mien. Malgré la propagande contre- » révolutionnaire que nous faisons ici avec l'ami M..., de C..., » qui, comme moi, a été la dupe des intrigants, il y a encore » quelques entêtés, etc. »

» P.-S. — Nous avons reçu ces jours-ci la visite de M. le » Supérieur du Séminaire, et aujourd'hui la visite de » Monseigneur. »

Le sieur M... disait dans une lettre insérée à la suite de la précédente :

« Je me suis aperçu trop tard que j'avais trop aimé la » République, attendu que les chefs républicains ne sont

pas connus dans le pays, on les prit pour des espions
et on s'assura de leurs personnes.

La présence de ces deux individus, que Duteil
soupçonnait être des officiers « en bourgeois », lui
faisant craindre une attaque pour la nuit ou une
surprise à l'aurore, il envoya un bataillon bivouaquer
sur la montagne et plaça les compagnies de la Garde-
Freinet sur un monticule qui dominait la route de
Draguignan, à une portée de fusil de Salernes.

Ces dispositions venaient à peine d'être prises que
deux coups de fusil retentirent et firent crier : Aux
armes ! L'élan fut admirable : en un instant, les

» bons qu'à faire du mal. Aussi, depuis longtemps, je recon-
» nais mon erreur et j'ai quitté ce parti et ces hommes
» ennemis de tout gouvernement. Ce sont eux qui nous ont
» jetés dans l'abîme où nous sommes, et c'est pour cela que
» je leur fais une rude guerre. Nous faisons de la propagande
» contre les républicains avec M. G. Long, de Cotignac, qui
» leur veut autant de mal que moi, parce qu'étant de bonne
» foi, il a été la dupe de ces monstres. Nous voulions détruire
» les abus, et les républicains démocrates voulaient détruire
» la société... Donc, je ne suis plus républicain et je rentre,
» pour n'en plus sortir, dans le parti conservateur. »

Voilà comment les sieurs Long et M... traitaient les déportés
de Lambessa, parmi lesquels se trouvaient peut-être des
citoyens qu'ils avaient entraînés eux-mêmes dans le mouvement républicain.

Et dire que certains individus qui n'ont pas agi autrement
que ces deux renégats, osent aujourd'hui demander à la
République une indemnité comme victimes du Coup d'État
du 2 Décembre !

Avis à qui de droit.

tambours battirent la générale et les trois mille cinq
cents hommes dont se composait l'armée constitutionnelle furent prêts à recevoir des ordres. Illuminer
ensuite toutes les fenêtres pour faciliter les opérations
intérieures, assurer la défense du village, occuper les
hauteurs, établir des compagnies de tirailleurs dans
les bois d'oliviers, enfin disposer les forces de manière
à placer toujours les troupes ennemies entre deux
feux, tout cela se fit avec une célérité qui annonçait
la ferme résolution de combattre vaillamment les
prétoriens.

Malheureusement, ce n'était qu'une fausse alerte.
Un Salernais imprudent avait imaginé ce moyen pour
s'assurer si, en cas d'attaque, on pouvait compter sur
tout le monde. Certes, il fut pleinement satisfait. Mais
que serait-il advenu, après une pareille mystification,
si les troupes étaient arrivées pendant la nuit? La
réponse est facile : on aurait généralement cru à une
fausse alerte et l'on ne se serait levé que lorsqu'il
n'aurait été plus temps. Duteil eut donc raison de
blâmer sévèrement le citoyen Dauphin; mais il aurait
eu tort de traduire devant un conseil de guerre un
des meilleurs démocrates de Salernes, qui, après
tout, n'avait péché que par excès de dévouement
et dont l'arrestation seule aurait pu soulever la
population entière contre les principaux chefs de
l'insurrection.

Ce fâcheux incident eut cependant son bon côté. Il
fortifia chez les insurgés, non-seulement la volonté

de combattre, mais encore l'esprit de discipline qui commençait à se former. Tous les ordres furent suivis avec la plus grande exactitude ; pas un signe de désapprobation ne se manifesta parmi ceux qui n'avaient pu, comme Martel, s'assurer que l'alerte n'était pas sérieuse.

— Où allez-vous donc ? C'est une fausse alerte, cria Martel au commandant Geoffroy, qui sortait du village avec son bataillon.

— C'est possible, répondit ce brave septuagénaire ; mais, fausse alerte ou non, il faut que j'obéisse.

Ah ! prétoriens, vainqueurs de citoyens démoralisés et surpris, que n'étiez-vous alors à Salernes !

Une centaine de Brignolais ayant à leur tête l'ingénieur civil Giraud et l'ex-sous-commissaire de la République Constan, vinrent, le lendemain, mettre à la disposition de la colonne, une charrette contenant des munitions de bouche et, ce qui valait mieux en ce moment, cinq à six cents kilogrammes de poudre. Ces deux énergiques citoyens avaient jugé, de concert avec le docteur Barbarroux, maire provisoire, qu'il valait mieux rester à Brignoles, point important à défendre, selon eux, que de marcher sur le Luc pour renforcer la colonne. Pendant plusieurs jours, comme nous l'avons dit plus haut, ils avaient été admirablement secondés par les nombreux républicains qu'ils avaient mis sous les armes ; mais les nouvelles des grands centres, en semant l'alarme dans les rangs, avaient fini par faire renoncer à la défense d'une ville ouverte, que les troupes du colonel de Sercey (1) venaient attaquer avec de l'artillerie.

M. le colonel de Sercey était parti de Marseille avec un bataillon d'infanterie, deux pièces de canon et vingt cinq hussards. Il avait ordre d'occuper Brignoles et Barjols et de là de pénétrer dans les Basses-Alpes, entièrement au pouvoir des républicains.

Chargé du dépouillement des correspondances, le chirurgien de marine Campdoras avait déjà annoncé que les nouvelles des départements étaient de plus en plus mauvaises : la soumission au Coup d'État était presque générale. D'un autre côté, Paul Cotte, fils du maire de Salernes, avait prévenu Duteil que l'on allait manquer de vivres. On assembla alors le comité de défense, qui décida qu'on irait coucher à Aups et qu'on en repartirait le lendemain pour Digne : cela, dans le but surtout d'éviter de se trouver pris entre deux feux, celui du colonel de Sercey qui s'avançait vers les insurgés, du côté de l'Ouest, et celui du préfet Pastoureau, qui arrivait avec des troupes, par la route de Draguignan. Des ordres furent donnés ensuite pour le départ. Le citoyen Arambide, propagandiste de Toulon, ayant proposé de dégager le cantonnement en emmenant avec lui un bataillon au village de Tourtour, pour rejoindre plus tard la colonne

(1) Cet honnête défenseur de la propriété fut condamné le 5 avril 1852 par le deuxième conseil de guerre de Paris, à cinq ans de réclusion comme coupable d'escroquerie et d'abus de confiance.

à Aups, après avoir ramassé des vivres, des armes et des munitions, fut autorisé à prendre huit à neuf cents hommes. Il partit en même temps que le bataillon du Luc, qui se rendait à Aups avec les contingents de plusieurs autres localités.

Avant de partir avec le gros de l'armée, Duteil, laissant le commandement de l'arrière-garde à Paulin David, s'occupa de la situation des prisonniers et rédigea l'ordre du jour suivant :

« Aux prisonniers,

» Les malheurs de la guerre et surtout ceux de la » guerre civile, ordonnent aux chefs une circonspec-» tion, — qui cependant ne les affranchit pas des » égards qu'ils doivent au malheur.

» Forcé de transporter sur un autre point mon » quartier-général, j'ordonne que le citoyen David — » chargé spécialement de la garde des prisonniers » — ait autant de soins d'eux qu'un capitaine de ses » soldats.

» Les prisonniers pourront m'adresser directement » leurs réclamations· et je leur rendrai prompte » justice.

» *Le commandant des forces démocratiques du Var,*
» Camille DUTEIL.

» Quartier-général de Salernes, 9 décembre 1851. »

Le général n'avait pas cessé, depuis les Arcs, de veiller à ce que les otages fussent traités avec le plus d'humanité possible. Il avait été même dans sa pensée, comme dans celle de presque tous ses lieutenants, de pousser plus loin la générosité : « Si les nouvelles » eussent été favorables, dit-il dans sa brochure inti- » tulée : *Trois jours de Généralat*, je les aurais fait » mettre en liberté; mais prévoyant la tempête, je » dus les conserver comme bouée de sauvetage. »

Il le fit et fit bien.

La question de savoir si, dans son remarquable instinct, le peuple a eu raison ou tort de faire des otages, a été souvent débattue en notre présence, et nous nous sommes toujours mis au nombre de ceux qui la résolvaient dans un sens défavorable à l'insur- rection. Pour nous faire changer d'avis, il n'a fallu rien moins que le fait suivant, raconté par un des otages de Lorgues, M. Maquan, dans une deuxième édition de ses calomnieuses jérémiades.

«Sur ces entrefaites, dit-il, un gendarme amène un paysan enchaîné. C'est un vieillard vêtu d'une méchante blouse bleue, aux traits ridés par le travail et l'âge, etc., M. Bigorie (procureur de la République) lui fait subir un interrogatoire sommaire. Il répond avec embarras et maladresse; un sabre d'infanterie est caché sous sa blouse. Il avoue avoir reçu l'ordre de se diriger sur Salernes.' On se dispose à le conduire en prison. La foule se presse à l'entour du prisonnier. Le capitaine de gendarmerie, M. Houlez, survient. Il faut un exemple, s'écrie-t-on autour de lui. En vertu de la Loi (!!!) martiale, le prisonnier doit être fusillé. On s'empare du pauvre malheureux,

hébété par la frayeur; on le place au pied d'un vieux
mur, et quelques voix réclament son exécution
immédiate. A la vue de cet homme inoffensif qu'on va
fusiller, un jeune magistrat, M. Niepce, s'émeut et
songe aux prisonniers dont la vie est au pouvoir des
insurgés. Il s'élance vers M. de Romand et s'écrie :

« — Grâce, Monsieur le Préfet, n'oubliez pas les
otages de l'insurrection !

» — Merci pour votre bonne pensée, répond M. de
Romand à M. Niepce. Puis, se tournant avec vivacité
vers le capitaine de gendarmerie, il ajoute :

» — Que l'on conduise cet homme en prison; *il ne
peut être fusillé.*

» Peu de temps après, ce malheureux a été mis
en liberté, ayant été reconnu non coupable! »

Donc ce pauvre vieillard, qui n'était pas même un
insurgé, aurait été bel et bien mis à mort par ordre
de ces bons messieurs les monarchistes, si on n'avait
pas craint un acte de représailles de la part des
républicains !

Et l'auteur de *Trois jours au pouvoir des Insurgés*
ose dire après un tel aveu et tant d'autres, du reste,
que les défenseurs de la Constitution se sont conduits
indignement envers les otages ! Vraiment, c'est à ne
pas y croire. Et dire que pendant dix-huit ans l'ancien
rédacteur de l'*Union du Var*, M. Maquan, a été
l'unique historien de la résistance des républicains
Varrois au Coup d'État du 2 Décembre !...

Avouons cependant que les assertions vaporeuses

de M. Maquan ne trompent pas toujours les intelligences paresseuses.

Ainsi, nous ne doutons nullement que M. Maquan, en passant devant la croix de la Mission, à Lorgues, ait regretté de n'avoir pas profité du jubilé que de « braves capucins (1) » étaient en train de prêcher dans ce pays, et qu'il ait formulé le vœu de réparer ce tort à la première occasion.

Nous croyons aussi :

I. Que le pieux M. Charles de Gasquet fit appeler auprès de lui un prêtre de Salernes « pour déposer à ses pieds le fardeau de ses misères », et que la chose faite, tous, nobles, bourgeois et gendarmes, furent entraînés par l'exemple, avec la contrition intérieure, souveraine, surnaturelle et universelle nécessaire pour faire une bonne confession.

II. Que le révérend M. de Combaud, proposa de lire l'*Imitation* après le repas du soir, et que nobles, bourgeois et manants, chacun à tour de rôle, sanctifièrent ce repas par la lecture des passages consacrés aux derniers moments de l'homme et aux béatitudes éternelles.

III. Que le repas du soir, composé seulement d'un

---

(1) Le père Archange, condamné à Aix, pour délit d'outrage à la pudeur, commis avec une dame, dans le coupé d'un wagon, était un de ces « braves capucins ». C'est le même individu qui fit brûler à Grasse, en place publique, les œuvres de Rousseau, de Diderot, de Voltaire et autres grands esprits du xviiie siècle.

potage et d'un plat de légumes, conformément aux désirs de ces modestes herbivores, était toujours précédé du *Benedicite* dit en commun, debout, sur un ton sépulcral, absolument comme dans un réfectoire de Jésuites ou de Capucins.

IV. Qu'il fut même question de dire aussi la prière du soir en commun; mais que chacun se contenta de prier en particulier, afin de ne pas contrarier les surveillants, qui étaient de mauvais catholiques sans doute, mais qui n'empêchaient pourtant pas les otages de lire l'*Imitation*, de dire le *Benedicite* et de déposer aux pieds de l'abbé Jaume le lourd fardeau de leurs impuretés.

Disons, enfin, que ces dévots d'habitude ou d'occasion, que ces pénitents contrits et absous avaient une peur horrible d'être délivrés des misères de ce monde, malgré la certitude (ils étaient alors en état de grâce) de s'envoler immédiatement vers la Jérusalem céleste et d'être reçus par des myriades d'anges dans les tabernacles éternels.

Ah! vous l'avez dit, Monsieur Maquan : *les mauvaises causes ne donnent pas du cœur*. Nous étions les défenseurs de la Loi; vous étiez, vous, les approbateurs de celui qui venait de la fouler aux pieds.

AUPS

La petite ville d'Aups, où se dénoua le drame sanglant que nous sommes en train de raconter, est de 2,600 âmes environ. Elle est située sur un plateau que domine, au Nord, une haute montagne, et où viennent aboutir les routes escarpées de Salernes et de Draguignan.

On a souvent dit qu'elle aurait été un boulevard inexpugnable pour l'armée démocratique, si le commandant Arambide avait fait son devoir à Tourtour, et si Duteil avait su tirer parti de la position de cette vieille cité seigneuriale, en se fortifiant sur son esplanade, vaste promenade plantée de vieux ormes et bordée, à cette époque, d'un parapet de plusieurs mètres d'élévation, ce qui, en cas d'attaque, la mettait complètement à l'abri de la fusillade du côté des prairies, au pied desquelles passe la route du chef-lieu du département.

Pour peu que le voyageur s'arrête dans Aups, il

ne tarde pas à s'apercevoir que le souvenir des horreurs commises dans son sein par la réaction y a porté ses fruits. Sa population, à l'écorce rude, mais au caractère plein de vivacité et d'intelligence, marche aujourd'hui presque tout entière à l'avant garde républicaine; et, comme pour dégager sa responsabilité morale de la « Décembrisade d'Aups », elle a tout récemment élevé un monument commémoratif aux citoyens qui en furent les victimes, — à quelques pas de l'endroit où les brigands de l'ordre exécutèrent une seconde fois le malheureux Martin.

Mais les idées politiques des habitants d'Aups étaient bien différentes à l'époque du Coup d'État. Ils se laissaient facilement entraîner par des chevaliers de l'ancien régime, dont les regards étaient bien plutôt fixés sur Rome que sur la France. Aussi, les plus ardents, en apprenant que la colonne insurrectionnelle était arrivée à Salernes, avaient-ils juré, à l'exemple des gentillâtres et des sacristains de Lorgues, qu'aucune « bande » armée ne serait autorisée à pénétrer dans leur ville.

La résistance en faveur du Coup d'État, dont la nouvelle avait causé une joie véritable dans la population, était donc sérieusement organisée, lorsque, dans la journée du 8, l'avant-garde des républicains, composée de cent quatre-vingts hommes d'Entrecasteaux, sous le commandement du citoyen Alter, cafetier de Draguignan, entra tout à coup dans la

ville et vint se ranger en bataille sur le cours, devant
l'Hôtel-de-Ville. Ce détachement était suivi d'un corps
de quatre à cinq cents républicains des communes de
Baudinard, d'Aiguines, de Bauduen et de plusieurs
autres localités qui, dès le 6, avaient pris les armes
avec l'intention de faire jonction, à un moment donné,
avec le faible contingent démocratique d'Aups, à la
tête duquel était le citoyen Isoard, épicier, et le
fougueux patriote Marcelin Gibelin.

— Que venez-vous faire ici, s'écrie, en s'adressant
à Alter, un des réactionnaires armés qui encombrent
la Mairie.

— Cela ne vous regarde pas, répond Alter, que le
ton arrogant de son interlocuteur a blessé dans sa
dignité.

A ces mots, le décembriste, fort de l'appui de
ses nombreux acolytes, réplique avec non moins
d'insolence, en accompagnant ses paroles de gestes
menaçants.

Loin de se laisser intimider, Alter fait arrêter ce
fonctionnaire inconvenant; puis, suivi de ses hommes
et de quelques démocrates du pays, entre dans
l'Hôtel-de-Ville, en chasse les porte-fusil et les
porte-écharpe, et se met immédiatement en train
de prendre, avec le concours du citoyen Brunet,
l'intelligent propagandiste de Draguignan, toutes les
mesures nécessitées par les circontances et par les
ordres qu'il a reçus à Salernes.

Grâce à ces résolutions hardies, la colonne fut

reçue, sinon avec joie, du moins avec convenance
par la population, et trouva, dès lors, plus de facilités
pour se procurer des vivres et des logements.

Ces deux choses faites, les chefs, harassés de
fatigue, allèrent prendre un peu de repos, laissant au
général qui, depuis Vidauban, avait presque toujours
fait route à cheval ou en voiture, le soin de mettre le
cantonnement à l'abri de toute surprise de la part des
troupes prétoriennes ; car si Duteil était incapable
d'organiser et de diriger une insurrection, on lui
croyait du moins assez d'aptitude pour établir des
avant-postes et placer dans toutes les directions des
sentinelles pour veiller au grain.

Mais Duteil avait l'esprit si bouleversé, qu'il ne
songea à aucune de ces dispositions. Seulement,
avant de se rendre au logis qui lui était destiné, il
chargea un ancien militaire d'Aups, qui commandait
en ce moment l'Hôtel-de-Ville, de faire circuler des
patrouilles sur les routes et de le faire prévenir
immédiatement en cas d'alerte. Le citoyen Blanc,
parfaitément secondé par la compagnie d'Aups et par
celles de Bras et de Bruc, s'acquitta très bien des
ordres qu'il avait reçus et fut mis le lendemain à
l'ordre du jour de la colonne.

Au point du jour, sur l'ordre du général, les tambours battirent la diane. On se leva avec la pensée
qu'on allait se mettre en route pour les Basses-Alpes ;
mais Arambide n'étant pas arrivé, par la faute de
Duteil, qui ne lui avait encore expédié aucun ordre,

on se mit à fondre des balles, à forger des piques, à fabriquer des cartouches.

Resté dans sa chambre, Duteil avait envoyé chercher des secrétaires à la Mairie pour les faire écrire sous sa dictée. Entre autres choses et à propos d'un vol de pipes qui avait été, disait-on, commis dans Aups par quelques individus, il fit un ordre du jour dans lequel il ordonnait que tout voleur, pris sur le fait, serait immédiatement fusillé.

Certes, cela était parfaitement honorable; mais pendant ce temps, il ne s'occupait ni d'Arambide, ni des avant-postes, ni des sentinelles perdues!...

Enfin, il sortit de la demeure confortable de M. de Gassier, pour se rendre à l'Hôtel-de-Ville. Sur le cours, où il se mit à errer comme une âme en peine, il fut accosté par Martel, qui, toujours soucieux de la situation des insurgés, lui demanda rudement des explications sur les lenteurs et les indécisions de ses actes.

— Qui êtes-vous pour m'interroger ainsi? lui dit Duteil en le regardant d'un air hautain.

Martel s'étant nommé, il le reconnut et lui dit:

— Que voulez-vous que je fasse? J'ai la tête brisée: tout le monde s'adresse à moi; ce sont des réclamations continuelles...

— Eh! cela ne serait pas, général, si vous organisiez sérieusement un état-major.

— Vous avez raison; mais auparavant, je voudrais avoir une garde pour éloigner de moi les importuns,

— N'est-ce que cela? Attendez, général; je vais vous en choisir une dans ma compagnie.

Au bout d'un moment, Martel amena deux de ses meilleurs hommes à Duteil, qui leur ordonna de se tenir derrière lui, à trois pas de distance, et de ne laisser approcher personne sans sa permission.

L'ordre étant donné et compris, Martel pensa que Duteil allait s'occuper du projet dont il venait d'être question; mais il ne tarda pas à s'apercevoir que ce projet, comme tant d'autres, n'avait fait que traverser la pensée vaporeuse du général, qui continua sa promenade avec la même nonchalance, au milieu de ses soldats, qui le regardaient avec un singulier ébahissement.

Lorsqu'il entra dans la salle de la commission révolutionnaire, on lui présenta le citoyen Martin, dit *Bidouret*, de Barjols, qui venait d'arriver porteur d'une lettre d'Arambide.

« J'ai pris à Tourtour tout ce que j'ai pu trouver » en armes et en munitions, lui disait ce chef, et » j'attends vos ordres. »

« Repliez-vous le plus promptement possible sur » Aups, lui répondit Duteil; je n'attends plus que vous » pour le départ. »

Le jeune Martin, après avoir reçu cet ordre, descendit rapidement de la Mairie, alla changer de cheval et, rayonnant de joie, s'élança ventre à terre sur la route de Tourtour, où, surpris par les troupes et n'ayant pas le temps de tourner bride, il allait être mis à mort une première fois !

Plus tard, on vint annoncer qu'un homme arrivant de Brignoles, avait rencontré la troupe, qui marchait sur Aups. Le citoyen Héraud, qui arrivait à l'instant même de Brignoles, assura qu'on n'avait vu aucune troupe de ce côté. « Comme je présumais, dit Duteil, » que l'attaque devait me venir de Draguignan et que » l'individu, pressé de questions, après avoir vu, » finissait par avouer ce qu'on lui avait dit; comme » d'ailleurs personne ne le connaissait et que sa » figure intelligente et ses lèvres pincées lui donnaient » toute la mine d'un espion chargé de me faire » prendre des dispositions à rebours, je le fis arrêter, » sauf à éclaircir plus tard ce mystère. »

En l'absence du général, les marchands tailleurs et les cordonniers furent requis, à son de trompe, de se rendre à la Mairie pour faire des livraisons de blouses et de chaussures pour ceux des insurgés qui en avaient réellement besoin. Dans la pensée que les ventes seraient faites au comptant, ces industriels s'étaient empressés d'obéir à la réquisition. Les capitaines vinrent en même temps avec leurs compagnies et l'on ne tarda pas à s'arracher les vêtements, à se disputer les souliers; mais hâtons-nous de dire qu'au milieu de ce désordre, les membres de la commission révolutionnaire veillaient aux intérêts des fournisseurs et leur délivraient des bons pour les marchandises acceptées.

Ces honnêtes citoyens finirent cependant par s'apercevoir que ces bons étaient déjà bien nombreux et qu'ils pouvaient devenir plus nombreux encore. Prévoyant alors le cas où les conseillers municipaux décembristes, une fois réintégrés dans leur fonctions, considéreraient ces bons comme nuls et non avenus, ils ne voulurent pas laisser courir plus de risques aux fournisseurs et firent cesser toute distribution de vêtements et de chaussures.

A la suite de cette délibération, le capitaine Maillan se présenta dans la salle du conseil avec sa compagnie. Un refus catégorique ayant accueilli sa demande, il en résulta une scène violente qui faillit avoir de funestes conséquences. Au moment où le Maire provisoire était sur le point de céder aux instances du capitaine, un des membres de la commission s'arma d'un pistolet et menaça le Maire de lui brûler la cervelle s'il ne persistait pas dans son refus. Celui-ci menaça à son tour et on en serait venu sans doute, de part et d'autre, à faire usage des armes, sans l'intervention du pacificateur Martel, qui se jeta entre les adversaires et parvint à force d'énergie et de raisonnements à les séparer et à ramener la paix parmi eux.

C'est à cette occasion que Duteil prit un arrêté par lequel, après avoir établi la légalité de son pouvoir, il créait un emprunt volontaire de 40,000 francs pour faire face aux frais d'équipement de la colonne. Deux citoyens avaient été chargés de réaliser cet emprunt;

mais le dénoûment précipité de l'insurrection ne leur en laissa pas le temps.

Au moment où Duteil était en train de rédiger ce décret, une femme qui était parvenue à forcer la consigne, vint lui réclamer son mari, qu'une publication faite à son de trompe, à l'insu du général, avait obligé à prendre les armes. Ne voulant avoir que des volontaires pour défendre une cause qui a besoin de cœurs enthousiastes, Duteil donna l'ordre de donner son congé au mari de cette femme. On avait eu tort, en effet, dans plusieurs communes, d'enrôler, malgré eux, des indifférents et même des adversaires du parti républicain. Au premier coup de fusil, ces hommes devaient être les premiers à pousser des cris d'alarme, et par conséquent à paralyser le courage des citoyens dévoués.

Beaucoup d'entre eux, du reste, saisirent toute occasion de déserter; et comme cela se faisait presque toujours avec armes et munitions, on était continuellement au regret d'avoir placé ces moyens de défense en d'aussi mauvaises mains. Les désertions avaient été surtout nombreuses au passage d'une rivière qui coule non loin des Arcs. Il est vrai que parmi les déserteurs, on comptait un grand nombre d'insurgés du Muy et de plusieurs autres communes, que le changement de direction qui venait d'avoir lieu dans la marche de la colonne avait déterminés à rentrer dans leurs foyers.

Peu de moments avant l'entrée de Duteil à la Mairie,

une autre femme s'était présentée pour réclamer son mari et son fils qui faisaient partie de la compagnie d'Aups. Mal accueillie dans sa demande, elle offrit une somme de trois mille francs en or pour qu'on lui accordât seulement le congé de son fils. En présence de ce témoignage de tendresse maternelle, la commission ne put se défendre d'un mouvement de générosité. Elle repoussa doucement la proposition de cette excellente mère et lui accorda non-seulement le congé de son fils, mais encore celui de son mari. Mais la pauvre femme n'eut que quelques instants à se réjouir du résultat de sa démarche, car son mari, après lui avoir reproché durement sa conduite et lui avoir même infligé l'épithète de *réactionnaire*, lui déclara carrément que ni lui ni son fils ne se sépareraient de leurs compagnons d'armes.

Fatigués de tant de lenteurs et craignant de voir l'insurrection dégénérer en promenade militaire, quelques-uns des chefs vinrent presser Duteil d'acheminer l'armée sur les Basses-Alpes, où, comme nous l'avons dit, l'insurrection était victorieuse. Son intention étant alors, non pas de faire jonction avec les Bas-Alpins, mais de se fortifier sur les bords du Verdon, limite des deux territoires, il leur donna le change en ordonnant à Cotte, qui avait demandé à partir le premier, de former une avant-garde de six cents hommes et d'aller occuper le pont du village d'Aiguines. Ce pont étant à une distance de près de dix kilomètres d'Aups, Cotte chercha à lui faire comprendre qu'il était imprudent d'éloigner ainsi une si nombreuse avant-garde du quartier général; mais ses efforts furent inutiles. Duteil s'étant donné comme ancien officier du génie, ne pouvait, en effet, recevoir des observations d'un jeune homme, qui avait cependant prouvé plusieurs fois depuis qu'il s'était mis dans les rangs de l'insurrection que

> ..... Dans les âmes bien nées,
> La valeur n'attend pas le nombre des années.

Néanmoins, le départ de Cotte ne mécontenta pas la masse des insurgés, car il annonçait une détermination après laquelle on soupirait généralement depuis plusieurs jours.

L'avant-garde s'étant mise en route, on prévint Duteil que les prisonniers demandaient à lui parler. Il se rendit auprès d'eux, accompagné de la plupart des membres du comité de défense. Ces messieurs occupaient, dans l'hôtel Crouzet, un appartement convenable, toujours sous la garde de Paulin David qui, pendant le trajet de Salernes à Aups, « s'était tenu constamment à leurs côtés, échangeant avec eux plusieurs amicales paroles, les insinuations les plus bienveillantes, presque des protestations de dévouement (1) ». Le général les ayant abordés chapeau bas, chercha, autant par ses paroles que par son maintien, à les rassurer sur leur sort. « Les civils avaient besoin d'être tranquillisés, dit-il; les yeux leur sortaient de

---

(1) *Trois jours au pouvoir des insurgés.* — Maquan.

la tête. Quant aux gendarmes, ils paraissaient calmes
quoi qu'abattus. Les uns et les autres me demandèrent d'abord l'autorisation d'écrire à leurs familles. Je
m'offris de faire parvenir leurs lettres cachetées, mais
en leur recommandant bien de ne rien écrire qui pût
les compromettre, car je ne pouvais pas leur répondre
que leur correspondance ne serait pas ouverte. Un
tout petit monsieur qu'on avait pris, je ne sais où,
s'offrit de servir d'intermédiaire entre le préfet du Var
et moi pour arriver à une pacification. Je n'eusse pas
mieux demandé; mais je dus lui faire comprendre
que n'étant pas tout à fait le seul maître, je ne pouvais
pas prendre sur moi d'accepter sa proposition. Et, en
effet, en jetant les yeux sur mon conseil de guerre,
je m'aperçus que bien des sourcils se fronçaient. Il
insista vivement. Je restai inébranlable.

» Je ne sais pas si ce petit monsieur était
M. Maquan, rédacteur en chef de l'*Union du Var;*
mais ce que je sais, c'est qu'il avait bien envie de
s'en aller. Il m'offrit avec véhémence la tête de ses
compagnons de captivité en garantie de sa parole.
Persuadé qu'une fois parti, ce petit monsieur ne
reviendrait pas; certain, d'un autre côté, qu'il n'aurait
pas assez d'influence pour arrêter la troupe, que je
soupçonnais être en marche contre nous, et convaincu
enfin que si nous étions attaqués après son départ,
mes compagnons crieraient : à la trahison! et contre
moi et contre le parlementaire, ce qui amènerait
au moins la fusillade des otages, je crus plus

prudent et pour eux et pour moi de garder le petit Régulus. »

En sortant de l'hôtel Crouzet, Duteil demanda un cheval pour pousser une reconnaissance sur la route de Salernes. Comme on ne pouvait en trouver un valide, quelqu'un lui proposa d'aller en requérir un au château du duc de Blacas d'Aups, situé dans les environs, où se trouveraient aussi, disait-on, des fusils et de la poudre. Chargé de cette expédition, le citoyen Allemand, de Draguignan, après avoir promis au général de ne laisser commettre aucun désordre dans le château, se mit en route avec quarante hommes. Trois fusils de chasse, une poire à poudre et un cheval, qu'on rendit quelques instants après, furent le résultat de leurs recherches.

On avait dit aussi qu'une somme importante était déposée dans le château ; mais loin de songer à s'en emparer, on alla rassurer la duchesse et lui offrir même des hommes pour la garde de ses appartements. Celle-ci remercia le chef du détachement avec des expressions de reconnaissance, lui promettant de lui donner, si cela devenait nécessaire, un témoignage écrit de sa louable conduite et de celle des républicains sous ses ordres.

Entre temps, et pendant que sur l'Esplanade les défenseurs de la Constitution se disposaient à être passés en revue par le général, celui-ci s'avança jusqu'au bout de l'avenue d'Aups, explorant du regard les environs. N'ayant rien aperçu, il revint sur l'Esplanade : aussitôt, les tambours battent aux champs et les bataillons, dont la masse était alors réduite à deux mille sept cents hommes, présentent successivement les armes.

Mais laissons Duteil parader une dernière fois devant sa malheureuse armée, et jetons pour l'intelligence du dénoûment tragique que nous avons à raconter, un coup d'œil rapide sur le bataillon d'Arambide, cantonné à Tourtour, et sur les troupes prétoriennes de Toulon, qui arrivaient par la route de Draguignan.

TOURTOUR

Comme nous l'avons dit plus haut, c'est dans l'après-midi du 9 que le bataillon placé sous les ordres d'Arambide, s'était mis en route pour le village de Tourtour. Ce bataillon était composé des compagnies du Muy, de Barjols et du Cannet du Luc.

Vers les trois heures, il entra dans le village de Villecroze, où la masse de la population le reçut de la façon la plus hospitalière. Comme le but de l'expédition était de ramasser des armes et des munitions, on fit immédiatement des perquisitions à la Mairie et dans plusieurs maisons particulières, notamment dans celle du tabellion de l'endroit, *patriote* de 1815, qui conservait comme des reliques trois ou quatre drapeaux blancs, dont quelques-uns portaient pour inscription : *Vivent les Anglais!* Les femmes qui avaient suivi le bataillon, voulurent avoir elles-mêmes le plaisir de mettre en pièces ces emblèmes honteux d'une royauté deux fois imposée à la France par les baïonnettes étrangères.

A la nuit tombante, Arambide et ses huit cents hommes arrivèrent à Tourtour. Situé sur un des plateaux supérieurs d'une chaîne de collines, ce modeste village qui surplombe Villecroze et domine la route de Draguignan, offre une position admirable pour une guerre de partisans. Une centaine d'hommes résolus, embusqués derrière les rochers qui bordent la route, à quelques mètres du village, arrêteraient sans peine un bataillon de troupes régulières et causeraient, par une fusillade bien nourrie, de terribles ravages dans ses rangs.

« — A coups de pierres, nous aurions assommé les soldats », disait plus tard un de nos compagnons d'exil. Qu'on ajoute à cela la marche aventureuse des troupes prétoriennes, qui ne soupçonnaient pas le moins du monde la présence d'Arambide sur ces hauteurs, ce qui aurait été pour elles une première cause de démoralisation.

Pendant qu'il explorait les abords de la localité, qui, dans leur ensemble, présentaient les avantages d'une forteresse, le commandant se félicita tout haut de les occuper et forma aussitôt le projet de prendre une offensive vigoureuse contre les troupes, si elles venaient à s'y engager. Cette résolution de la part d'un homme qui, selon l'expression de Martel, était *les yeux de Dutcil*, augmenta la confiance du bataillon. Ce fut un malheur. On verra bientôt combien le peuple a tort de se fier aveuglément aux promesses de certains propagandistes furibonds.

A la nouvelle de la mort du brigadier de gendarmerie Lambert, tué le 5 décembre, à Cuers, par un homme du peuple, au moment où, comme nous l'avons raconté, il tirait son sabre pour défendre le Maire, qui voulait empêcher la foule de s'emparer de l'Hôtel-de-Ville, une colonne expéditionnaire composée de huit compagnies du 50e de ligne, était partie de Toulon, ayant à sa tête le colonel Trauers et M. Pastoureau, nouveau Préfet du Var, envoyé tout exprès par Louis Napoléon pour terroriser le département.

Arrivée à Cuers, dans la soirée du même jour, la troupe fait soixante-dix prisonniers, après avoir passé par les armes le citoyen Panisse, dit *Panisson*, cultivateur, qui ayant été placé en sentinelle perdue dans la rue Fontaine d'Hugues, avait fait courageusement son devoir en ajustant le colonel qui ne répondait pas à son « qui vive! ». Ceci d'après une version; mais il en est une autre que rapporte un républicain sincère, le citoyen Noël Blache, avocat distingué du barreau de Toulon, dans sa remarquable *Histoire des Evènements du Var*, et qui la contredit sur tous les points. La voici :

« En arrivant à Cuers, le colonel Trauers et le Préfet, croyant sans doute, d'après les récits du gendarme Cauvin, avoir affaire à une formidable insurrection, avaient divisé leurs forces en deux colonnes, et les avaient ensuite dirigées par deux voies différentes, sur la rue Saint-Pierre, où se

trouvait la chambrée, dite la *Pomone*, qui, pour eux,
était le *repaire* des républicains.

» A la même heure, un cultivateur du nom de
Panisson sortait de cette chambrée et rentrait chez
lui en remontant la Queirade.

» Il faisait une de ces nuits d'hiver splendides, dont
la Provence a le secret. Un bruit de pas, lents et
cadencés frappa les oreilles de Panisson... Au clair
de lune, le paysan vit reluire les baïonnettes de la
troupe. Effrayé, il s'engagea précipitamment dans la
rue de la Fontaine-d'Hugues; mais parvenu à l'extrémité de cette rue, il se heurta à la tête de l'autre
colonne.

» Près de la route se trouvait une sorte d'égoût.
Panisson, pour se soustraire aux regards des soldats,
essaya de s'y enfouir... mais il avait été aperçu...
plusieurs balles et des coups de baïonnette l'atteigni-
rent dans sa retraite.

» Bien des raisons me paraissent contredire l'autre
version. D'abord, les anciens amis de Panisson,
desquels je tiens ce récit, m'ont dépeint Panisson,
comme doué d'un caractère doux, inoffensif et même
timide. Cela s'accorderait peu avec ce rôle si courageux de sentinelle perdue! Puis, comment concevoir
qu'un homme, même le plus brave, affronte ainsi de
pied ferme un bataillon entier et engage avec lui une
lutte insensée? Enfin pourquoi cette unique sentinelle
sur la route? Mais n'a-t-on pas vu Bernard, dit *Testo
de Peï*, déclarer formellement, et la suite démontrera

la véracité de ces paroles : — Que les républicains de Cuers ne songeaient point à une résistance à main armée? Dès lors, à quoi bon exposer à des représailles impitoyables ce malheureux et le placer « seul », en avant-garde, sur le passage des soldats?

» Quoi qu'il en soit, Panisson fut apporté — d'autres disent traîné — jusqu'au pied d'un platane, sur la place de la Mairie. Malgré ses nombreuses blessures, cet infortuné respirait encore. Jusqu'à six heures du matin, il resta là... geignant et pleurant sous la glaciale étreinte de la mort, demandant qu'on l'achevât! A 6 heures, il fut transféré à la chapelle de l'hospice et placé sur les dalles, où il expira enfin! Il était horriblement défiguré, et sa veuve éplorée ne le reconnut pas! »

Le lendemain, 6, après avoir laissé une de ses compagnies dans Cuers, où plus de 400 arrestations devaient avoir lieu, la colonne expéditionnaire se remit en route pour le Luc. Là, comme à Cuers, elle incarcéra, avec une brutalité féroce, de nombreux républicains, dont la plupart n'avaient pas pris les armes. Le 8, elle fait halte à Lorgues, en repart le même jour, arrive à Draguignan dans la soirée, y passe la journée du 9, et le quitte le mercredi matin, 10, pour marcher sur Aups, renforcée de trois compagnies du même régiment, de 25 cavaliers du train et de 45 gendarmes.

Il était environ 8 heures du matin lorsqu'elle fut aperçue par une avant-garde établie à cinq

cents mètres environ du campement d'Arambide.
Un coup de fusil ayant signalé son apparition, les
patriotes du bataillon, qui étaient en ce moment à
déjeuner, sortirent précipitamment des maisons et se
rendirent sur la place du village, en criant : Voici
les troupes ! Aux armes ! aux armes !

A ce cri formidable qui électrisa le tempérament
des moins résolus, l'énergique, l'audacieux Arambide
fut subitement saisi d'une frayeur telle, qu'il s'enfuit
à toutes jambes sur une montagne voisine, en criant
de toutes ses forces : Sauve qui peut ! sauve qui peut !

Qu'on juge de l'impression que ce cri dut produire
sur des citoyens indisciplinés, inhabiles au maniement
des armes, assez mal approvisionnés de cartouches,
étant proféré surtout par un chef qui avait auparavant
les allures d'un volontaire de la 32e demi-brigade et
qui en ce moment donnait l'exemple de la plus insigne
lâcheté !

En un instant, le cri de « sauve qui peut » devint
général et le bataillon se débanda dans tous les sens,
en proie à des mouvements de crainte et de colère,
que faisaient naître tour à tour la pensée de l'approche
des troupes et celle de la conduite impardonnable du
commandant du bataillon.

Le citoyen Ovide Lavagne, propriétaire du Muy,
était à table avec plusieurs de ses camarades, au
moment de la détonation.

— C'est une fausse alerte comme à Salernes, leur
dit-il en riant ; continuons notre repas,

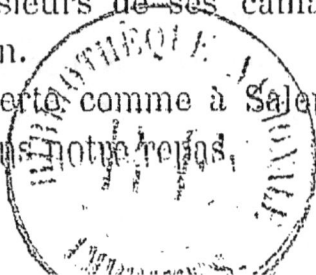

Revenu bientôt de son erreur, il se lève, prend son fusil et se dirige sur le lieu du ralliement, où il ne trouve personne, si ce n'est une vieille femme qui lui apprend l'arrivée des troupes et la débâcle des insurgés.

Emu de surprise, désespéré de cette déroute honteuse, il prend le chemin de Villecroze, avec l'intention de rallier les fuyards, dont le plus grand nombre suivaient la même direction. Il en avait réuni une centaine environ et se disposait à voler avec eux au secours de Duteil, lorsqu'en levant les yeux sur le plateau de Tourtour, il aperçoit une femme qui tenait un drapeau rouge à la main et qui l'agitait dans tous les sens. Persuadé que ce signal n'est pas une ruse de guerre de la colonne ennemie, puisqu'au même moment on la voit cheminer sur la route d'Aups, le brave Lavagne remonte à Tourtour, où il retrouve une foule de ses compagnons d'armes, auxquels le même signal avait fait rebrousser chemin.

Presqu'en même temps se présente Arambide, avec le fusil sur l'épaule et l'intention bien évidente de reprendre son commandement.

Interpellé durement par Lavagne et assailli de reproches par les autres insurgés, il répond en ces termes :

— Oui, j'ai poussé le cri de « *sauve qui peut!* » mais je ne m'en repens pas. Convaincu de notre infériorité vis-à-vis des troupes, je n'ai pas voulu conduire à la boucherie huit à neuf cents hommes, la plupart pères de famille...

Ces paroles furent interrompues par un bruit de fusillade qui se fit entendre dans la direction d'Aups :

— La bataille commence, s'écria-t-il : courons au secours de nos frères !

— C'est inutile, à présent, lui répondit Lavagne avec amertume. Vous auriez dû nous parler comme cela il y a deux heures. Du reste, nous avons cessé d'être sous vos ordres.

En parlant ainsi, Lavagne était l'interprète de tous les débris du bataillon. Aussi, Arambide baissa la tête et comprenant trop tard que lorsqu'on a trompé le peuple, on ne captive pas une seconde fois sa confiance, il se retira. Quant aux insurgés qui venaient de lui donner la leçon qu'il méritait si bien, après avoir reconnu l'inutilité d'une tentative armée sur Aups, ils se séparèrent et, à travers les sentiers perdus, s'acheminèrent tristement vers leurs communes respectives avec le regret d'avoir cédé à un mauvais exemple et d'avoir mis en si grand péril la colonne de Duteil, qui se reposait avec confiance sur l'avant-garde d'Arambide.

DÉNOUEMENT

Si à la tête des insurgés du Var, il y avait eu un républicain du caractère de Lagrange, le lion des barricades; d'Etienne Arago, le combattant héroïque de 1830, ou du colonel Charras, qui avait accepté, disait-on, de venir prendre la direction du mouvement populaire, en cas d'insurrection du Pouvoir, et qui malheureusement pour la France, avait été arrêté pendant la nuit du 2 décembre, il est hors de doute, que non-seulement nous aurions battu les troupes du général Levaillant (1), mais qu'à notre appel, tous les départements du Midi se seraient levés comme un seul homme pour la défense de la Loi et des libertés publiques.

Qui sait si le misérable aventurier de Strasbourg, si le ridicule meurtrier de Boulogne, qui, dans la journée du 4 décembre avait été sur le point de déguerpir de l'Elysée, n'aurait pas été alors forcé de

(1) Commandant de l'état de siège du département. « Six jours ont suffi pour *écraser* l'insurrection », manda-t-il au général Saint-Arnaud.

rendre compte à la République de la violation de son serment?

Mais que pouvaient faire des paysans, quel que fût leur degré de patriotisme, étant mal armés, presque sans munitions et commandés par des hommes tels que Duteil et Arambide?

Rien, évidemment, si ce n'est une promenade militaire de trois jours, interrompue par de vaines parades et terminée par une déroute qui aurait été honteuse pour la démocratie du Var, si elle n'avait été causée par l'apparition inattendue des troupes devant le quartier général de l'insurrection.

Ce que nous venons de dire pourrait s'adresser à certains rédacteurs de journaux légitimistes, qui, non contents de représenter les insurgés du Var comme des hommes en proie aux tressaillements de la peur (1), cherchent encore à faire peser sur eux les fautes commises par quelques-uns de leurs chefs. Mais à quoi bon? Ils auraient la certitude du contraire, qu'ils n'en continueraient pas moins leurs attaques déloyales. Laissons donc ces monarchistes haineux mordre à la lime de la Fable et reprenons le fil de notre narration. Ce sera un ennui de moins pour nous et pour nos lecteurs.

(1) M. Maquan surtout se complaît dans ses *Trois jours au pouvoir des Insurgés*, à ridiculiser les républicains. Ce légitimiste impitoyable donne *sottement ses qualités aux autres*, car tout le monde a su dans le Var que M. Maquan était un des otages qui avaient le plus besoin d'être rassurés.

Nous avons dit que les troupes, après un jour de repos à Draguignan, étaient reparties pour se diriger sur Aups. Elles avaient pu franchir la gorge de *Floreyès* sans trouver même un avant-poste; mais en arrivant sur les hauteurs de Tourtour, elles durent s'arrêter soudain en apercevant l'avant-garde des insurgés ou en entendant le coup de feu de la sentinelle. En un instant, les républicains se rallièrent sur le plateau et furent prêts à se défendre... mais le lâche abandon de leur commandant jeta, comme on sait, une telle démoralisation dans leurs rangs, que toute lutte devint impossible. C'est alors que le colonel Trauers, qui venait de prendre des dispositions pour l'attaque, donna l'ordre de marcher en avant. Aussitôt, la cavalerie, d'abord, et l'infanterie ensuite, s'élancèrent sur le plateau pour couper, du côté d'Aups, la retraite des insurgés; mais ne voyant pas la nécessité de poursuivre les fuyards, cavaliers et soldats ne tardèrent pas à revenir pour continuer leur route dans la même direction.

C'est pendant le trajet de Tourtour à Aups, que ces *braves Troupiers* rencontrèrent l'infortuné Martin, dit *Bidouret*, dont nous raconterons bientôt, dans un chapitre spécial, le lamentable épisode.

Enfin la colonne expéditionnaire, enivrée de ses récents exploits, arriva devant le lieu de sa destination, sans avoir aperçu l'ombre même d'une sentinelle!

En ce moment, que faisait donc l'imprévoyant général de l'insurrection? Il passait devant le front de ses compagnies, alignées sur l'Esplanade, examinant la manière dont chaque homme tenait son fusil et faisant plusieurs autres remarques plus ou moins intempestives.

La revue terminée, il demanda qu'on lui apportât des cartouches pour expédier une colonne à la suite de l'avant-garde de Cotte, qui se dirigeait sur le pont d'Aiguines.

Tout à coup on vint le prévenir qu'une troupe en armes venait de déboucher à quatre cents pas de l'Esplanade, par le chemin de Draguignan. Aucun insurgé n'étant venu de ce côté pour donner l'alerte, il crut à l'arrivée d'Arambide, et menaça même d'un coup d'épée le citoyen Villeclère, du Luc, qui assurait avoir aperçu les troupes. Il s'avança pourtant sur l'avenue d'Aups pour reconnaître la colonne signalée et ne tarda pas à revenir de son erreur en apercevant les baïonnettes du 50e, qui reluisaient dans les oliviers.

Revenu en toute hâte sur l'Esplanade, Duteil annonça l'ennemi, qui s'avançait en colonne précédé et flanqué de tirailleurs; puis il descendit de cheval, harangua rapidement ses compagnons d'armes et commanda de défendre la position pendant que lui, à la tête de la Garde-Freinet, allait attaquer en flanc les troupes prétoriennes.

Le bataillon du Luc, sur lequel il comptait le plus, était en première ligne du côté le plus exposé : mais il ne pouvait être enlevé à la baïonnette, l'Esplanade étant bordée en cet endroit d'un parapet que les

soldats n'essaieraient pas de franchir. Pour attaquer
à l'arme blanche, le 50ᵉ était obligé d'obliquer à
droite, sur le chemin qui longe les remparts. Et c'est
pour empêcher ce mouvement qui eût barré, sur la
montagne, la retraite aux insurgés et les eût rejetés
dans la plaine d'Uchâne, où ils se seraient trouvés
à la merci des gendarmes et des cavaliers du train,
que Duteil songea à faire cette évolution.

— A moi, la Garde-Freinet ! s'écria-t-il en levant son
épée.

Et la Garde-Freinet, suivie de la compagnie de
Saint-Tropez, se dirigea, tambour battant, par la rue
Saint-Pancrace, vers le portail des Aires, au milieu
de la population qui courait çà et là, éperdue, en
poussant des cris assourdissants. Ce bataillon d'élite,
marchant d'un pas rapide mais régulier, arriva devant
une barrière en bois, située vis-à-vis du portail des
Aires, barrière que Duteil fit abattre à coups de hache
pour traverser un pré qui conduisait à un mur de
soutènement, derrière lequel il vint se placer en
embuscade. Campdoras, Martel, Ferrier et Charles
(de la Verdière), suivis de leurs hommes, s'élancèrent
sur le même chemin. Au même instant, les soldats,
qui commençaient à déboucher en face, par le portail
des Aires, dirigèrent sur eux un feu de peloton,
auquel ils ripostèrent par une assez vive fusillade.
Le brave Imbert s'avança alors en parlementaire, un
mouchoir blanc à la main ; mais le feu de l'ennemi
étant devenu plus vif, il disparut au milieu des tour-

billons de flamme et de fumée et fut obligé de
retourner auprès de ses compagnons.

La position des insurgés étant désavantageuse et
les soldats avançant toujours, on jugea à propos de se
retrancher sur le mamelon boisé qui domine la ville
et que surmonte la chapelle Notre-Dame. Arrivé à
mi-côte, on s'embusqua dans les oliviers et de là on
dirigea un feu mieux nourri sur la troupe, qui venait
de s'établir le long des remparts.

Sur l'Esplanade, il n'y avait pas eu de résistance.
Démoralisés par la subite arrivée des soldats, par les
cris lamentables des femmes et aussi par l'évolution
incomprise de Duteil, les insurgés qui étaient restés
là, avaient déjà donné des signes de mauvais augure,
à l'exception cependant de la plupart des chefs, qui
s'étaient efforcés de les rassurer sur les suites de
la lutte, notamment le vieux commandant du Luc,
Alix Geoffroy, dont l'attitude ferme et résolue ne se
démentit pas un seul instant.

En même temps que Duteil se dirigeait sur le
portail des Aires, Geoffroy fit battre le tambour et
donna l'ordre à son bataillon, le plus rapproché du
parapet, d'opérer un changement de front. Ce mouvement s'exécuta très mal et jeta un désarroi complet
dans les rangs du bataillon et dans ceux des autres
contingents.

Les quelques compagnies de soldats qui s'étaient
déployées en tirailleurs dans les prairies, enhardies
par le mouvement confus qu'elles venaient d'aper-

cevoir sur l'Esplanade, continuèrent leur marche vers le parapet et firent bientôt une première décharge de leurs armes. Quant au reste de la colonne expéditionnaire, il s'était porté rapidement, la cavalerie en tête, vers la porte Saint-Sébastien, sur la gauche des républicains.

Les gendarmes et les cavaliers du train ayant débouché tout à coup de ce côté, la confusion devint générale sur l'Esplanade et une débâcle épouvantable commença. Le bataillon du Luc seul, entraîné par l'exemple de son commandant, fit bonne contenance :

— Halte! front! cria le brave Geoffroy à ses compagnons, après les avoir conduits et mis en bataille devant le parapet.

Mais des cris de : *Sauve qui peut!* qui retentirent à l'une des extrémités de la place achevèrent de répandre le désordre dans les rangs du bataillon, qui se débanda et qui ne tarda pas à être sabré, refoulé et dispersé dans toutes les directions.

— Malheureux! que faites-vous? vous vous déshonorez! criait Alix Geoffroy, en courant après ses compatriotes, qui s'enfuyaient épouvantés; mais c'était en vain. L'héroïque septuagénaire oubliait en ce moment deux choses : c'est qu'une armée surprise est une armée battue, et qu'en pareil cas, sauf de rares exceptions, les désordres causés par un *sauve qui peut!* sont irréparables. Témoin la déroute de Waterloo.

Parvenu sur une petite éminence, non loin de la

chapelle d'Uchâne, avec une vingtaine de ses hommes, au nombre desquels étaient Victor Friolet, Ferdinand David, Villeclère et Nicolas, le commandant du Luc espéra, malgré plusieurs décharges successives, rallier les fuyards de son bataillon. Mais ceux-ci ne revinrent pas. Alors, comme un de ses compatriotes venait d'être tué à ses côtés et que les soldats établis dans la plaine d'Uchâne, menaçaient de l'envelopper, lui et ses compagnons, il abandonna le champ de bataille, et, les larmes aux yeux et le désespoir dans l'âme, il s'achemina, comme tant d'autres, vers la frontière du Piémont (1). Sans nouvelles du reste de son armée, Duteil, escorté de Campdoras, de Ferrier, d'Imbert et de plusieurs autres chefs, avait voulu rester dans la ville pour connaître la cause du silence de l'Esplanade. Couché en joue par deux tirailleurs montés sur un tas de pierres, au moment où il allait traverser le chemin, il recula pour s'abriter derrière un pan de mur et tomba dans un trou à chaux. Comme il ne se releva pas tout de suite, étourdi qu'il était par la chute, ses hommes le crurent mort et continuèrent à tirer sur les soldats tout en remontant vers les oliviers. Enfin il se relève et veut rejoindre ses compagnons; mais comment faire? S'il abandonne son abri, il s'expose à une mort inévitable à cause du rapprochement des soldats; s'il demeure dans le trou,

(1) Alix Geoffroy est mort au Luc, le 9 juin 1857, entre les bras de Nicolas et d'Eugène Gallice, entouré de l'estime et de la sympathie de ses concitoyens.

il va être fusillé sur place, car ces derniers s'avancent
déjà pour pénétrer par la barrière, qu'il a fait abattre :
s'apercevant enfin du danger qu'il court, la Garde-
Freinet redescend au pas de course pour le dégager,
ce qui oblige les soldats à reculer et ce qui permet à
Duteil de gagner un chemin encaissé entre deux murs,
où son corps, sinon sa tête, est à l'abri des balles de
quelques tirailleurs maladroits.

La Garde-Freinet remonta en même temps pour
reprendre ses embuscades. Mais, par suite de l'inutilité
de la résistance et du manque de cartouches, les
rangs de ces courageux républicains s'étant considé-
rablement éclaircis, ils se trouvèrent dans la nécessité
de chercher une meilleure position en se dirigeant
vers une sorte de terre-plein dépendant de la chapelle.
Là, au nombre de vingt-cinq environ, ils tirèrent
encore pendant une demi-heure sur les prétoriens
qui, furieux de les voir résister si longtemps,
tentèrent une seconde attaque; mais ils durent
redescendre en toute hâte pour se mettre à l'abri
d'une vive fusillade, pendant laquelle ils eurent un
grenadier tué, deux officiers mis hors de combat et
deux soldats légèrement blessés.

Le chemin que Duteil avait pris aboutissait à la
chapelle. En arrivant, il s'aperçut que les fusils de
chasse ne portaient pas, — tandis que les balles
ennemies tombaient comme grêle sur ses hommes:
il leur commanda alors de cesser le feu; puis, voyant
que les soldats, au lieu d'avancer, ne bougeaient pas

de derrière le mur, où les insurgés avaient d'abord pris position, il ordonna la retraite sur le sommet de la montagne, où il trouva son fidèle spahis, un fusil à la main et la figure noire de poudre.

En gravissant des rochers escarpés, un accident arriva encore à Duteil. Un bruit de feu de peloton lui ayant fait croire qu'on fusillait des républicains blessés, il en éprouva une si vive douleur qu'il chancela comme un homme ivre et roula dans un ravin. Tous accoururent à son secours. Martel et Pérès, qui le jugeaient dangereusement blessé, parlaient déjà de l'emporter sur leurs épaules.

— Mes amis, laissez-moi, leur dit-il; ils viendront bientôt m'achever aussi. Laissez-moi, je vous prie, sauvez-vous!

— Non, nous ne vous abandonnerons pas, répondit le bon Martel, en aidant à le relever; si vous ne pouvez pas marcher, soyez tranquille, nous vous porterons.

Il se remit pourtant de sa chute et s'empressa de réparer une énorme faute : celle de ne pas avoir désigné de point de ralliement. Ayant retourné son caban, qui figurait ainsi une bannière rouge, il le fit arborer au bout d'une lance; ensuite, au moyen d'un plan du Var qu'il tenait à la main, il fit signe aux fuyards qu'on apercevait sur les montagnes, de venir de son côté; mais ce fut inutilement. La déroute était complète. Quelques hommes de la Garde-Freinet vinrent seuls se rallier à sa petite escorte, qui se grossit bientôt d'une centaine d'insurgés du même

4

pays, que le commandant Amalric avait pu réunir. Diverses questions furent alors mises en discussion. Martel voulait qu'on se dirigeât sur Digne; Amalric avait proposé de retourner à Aups. Cette dernière proposition finit par prévaloir; mais comme on n'était pas assez fort et que d'ailleurs on manquait de cartouches, Duteil, que le sentiment de la vengeance avait ranimé, proposa de se rendre à Moissac, où, selon lui, Cotte devait l'attendre avec ses six cents hommes d'avant-garde, bien pourvus de munitions. « Là, dit-il, nous formerons un corps de volontaires et, à la nuit, nous prendrons notre revanche ou nous établirons une embuscade ». Tout le monde ayant été de cet avis, Duteil donna l'ordre de se mettre en marche sur le village de Moissac, situé à une petite distance d'Aups.

Voyons maintenant ce qui s'était passé dans la ville après la dispersion de la masse des soldats constitutionnels.

Pendant qu'une partie des troupes se lançait d'un côté, avec les gendarmes à cheval, à la poursuite des insurgés, dans la plaine d'Uchâne, et de l'autre vers le portail des Aires, l'autre partie continuait à avancer sur l'Esplanade, en dirigeant une épouvantable fusillade sur les maisons voisines de la Mairie, qu'elle croyait garnies de combattants. Parmi ces maisons était l'hôtel Crouzet, où, comme on le sait déjà, se trouvaient les prisonniers.

Ceux-ci, au bruit des premiers coups de feu,

avaient été naturellement en proie aux émotions laxatives de la frayeur, malgré la confiance qui les avait soutenus jusqu'alors dans la réussite complète du Coup d'Etat. Prêt à écrire sous la dictée de M. de Combaud, le *petit Régulus*, M. Maquan, avait laissé tomber le crayon qu'il tenait à la main. Tous, croyant à une révolte des insurgés contre leurs chefs, avaient eu l'idée qu'on allait les égorger et s'étaient précipitamment mis à genoux en recommandant leur âme à Dieu. La prière est une bonne chose sans doute pour ceux qui croient à son efficacité ; mais comme elle ne garantit pas toujours de la fureur avinée des soldats, le prévoyant Paulin David, avant de sortir pour se mettre à la tête d'un détachement du bataillon du Luc, qui s'était massé devant l'hôtel Crouzet, avait crié aux otages :

— Barricadez-vous ! Barricadez-vous !

On se barricada aussitôt au moyen de tous les meubles qu'on avait sous la main ; et M. Maquan montra, dit-on, pendant ce remue-ménage, comme la plupart de ses compagnons d'infortune, une énergie rare, qui n'était certainement pas dans ses habitudes.

Paulin David et ses hommes firent volte-face et ripostèrent aux soldats. Ceux-ci, entretenus dans leur erreur par cette résistance d'un instant, car les Lucquois se dispersèrent après une décharge générale de leurs armes, continuèrent à cribler de balles les fenêtres de l'hôtel.

Pour se mettre à l'abri de ces projectiles, les otages

qui se trouvaient dans les chambres faisant face au cours, furent obligés de se coucher à plat ventre sur le plancher. Plusieurs essayèrent de se sauver par les fenêtres. M. Panescorce, otage de la Garde-Freinet, sauta par celle qui donne sur la cour; mais il paya de sa vie cet acte d'imprudence. Une balle, après avoir ricoché sur une espagnolette, le frappa dans le flanc et lui fit une blessure mortelle. Un autre prisonnier, M. Andéol de Laval, qui était dans une chambre du 2e étage, à gauche de la façade, faillit avoir le même sort. S'étant laissé tomber de la fenêtre sur la terrasse, qui s'élève à la hauteur du 1er étage, et de là sur la place, il alla se réfugier derrière une rangée de charrettes qui se trouvait en avant de la terrasse; mais ayant été aperçu :

— Point de quartier! crièrent les soldats, qui le prenaient pour un des chefs de l'insurrection.

Et aussitôt plus de quarante d'entre eux firent une décharge sur ce jeune homme « seul et désarmé », puis se précipitèrent sur lui pour le percer de leurs baïonnettes. Au même instant, les gendarmes prisonniers parurent aux fenêtres de l'hôtel en criant aux soldats : *Ce n'est pas un insurgé!* Les fusils se relevèrent alors, et M. de Laval, qui se débattait déjà aux pieds des prétoriens, en fut quitte pour deux ou trois égratignures et la mise en lambeaux de ses vêtements : son paletot avait neuf trous de balles et sa casquette, ainsi que son gilet et ses bottes, en étaient criblés.

Un monarchiste impartial, qui fut témoin de l'attaque de l'hôtel Crouzet, nous disait un jour que les soldats étaient devenus ivres de fureur. Ni les volontaires d'Aups, qui cherchaient à détourner leurs coups; ni les prisonniers, qui, à la vue de leurs libérateurs, criaient à tue-tête: *Nous sommes les otages !* ne pouvaient les désabuser. L'historien Noël Blache tient ceci de M. Escolle: « Mon père, mon frère et moi, nous hurlions: *Ce ne sont pas des insurgés !* » mais ils n'entendaient rien et, à plusieurs reprises, nous pûmes voir les soldats recharger leurs armes et continuer leur abominable fusillade.

Complètement rassurés par le résultat de leur victoire criminelle, Pastoureau et Trauers, résolurent de la compléter en marchant sur Salernes, qu'ils croyaient encore occupé par d'autres contingents républicains.

Après quelques heures de repos, les prétoriens se mirent en marche, suivis des otages délivrés et de quatre-vingts insurgés environ, qui marchaient derrière, enchaînés comme des malfaiteurs.

« Malgré la joie de leur délivrance, dit M. Maquan, les otages ne purent se défendre d'une pénible émotion en voyant ainsi attachés, deux à deux, ces hommes qui n'avaient pas été sans égards pour leur malheur.

» — Pourquoi les enchaîner? disaient plusieurs d'entre eux: ils ne nous ont pas enchaînés nous-mêmes ! »

Pour répondre une fois de plus aux écrivains sans

vergogne qui ont essayé de donner à l'insurrection Varroise le caractère d'une Jacquerie, citons un trait de probité qui ne déparerait pas ceux qui sont offerts en exemple à la jeunesse.

Un jeune cultivateur du village de Bras, ou des environs, avait emprunté un tambour et s'était mis bravement à la tête du contingent de cette commune, dont il régla le pas au moyen de son ran-plan-plan.

Pendant la déroute, il courait, comme tant d'autres, dans la plaine d'Uchâne; mais embarrassé par sa caisse, il resta en arrière et ne tarda pas d'être arrêté par la gendarmerie.

Comme il arrivait sur l'Esplanade, les mains liées derrière le dos, ayant encore le fatal tambour accroché à sa ceinture, un habitant d'Aups le reconnut et lui demanda pourquoi, en se sauvant, il n'avait pas jeté sa caisse à tous les diables.

— Tu aurais couru plus vite, ajouta-t-il, et tu n'aurais pas été pris.

— C'est juste, mon ami; mais je ne pouvais pas lâcher ainsi mon tambour.

— Même au risque d'être sabré ou fusillé?

— Oui.

— Et pourquoi donc?

— Eh! parce que ce tambour n'était pas à moi et que j'avais promis de le rendre à son propriétaire.

Le tambour Barra n'eût pas mieux répondu. Aussi, ce digne républicain, dont nous regrettons de ne pas savoir le nom, fut-il mis immédiatement en liberté.

ANTONIN CAMPDORAS

1868

DEUXIÈME PARTIE

CRIMES SUR CRIMES

Un gentillâtre de la petite ville de X..., que les orléanistes n'avaient pas sans raison surnommé la *Hyène,* disait le 5 décembre au soir, au moment de l'arrivée des troupes :

« Une bonne fois pour toutes, nous allons en finir avec les démocrates ! »

L'idée d'extermination contenue dans ces paroles n'existait pas seulement dans l'esprit de ce réactionnaire aux yeux sanguinolents ; elle était aussi la préoccupation de tous ceux que les aspirations démocratiques de février 1848 avaient blessés dans leur orgueil ou froissés dans leurs intérêts.

En matière de révolution, la plupart des gros bourgeois du Var, les légitimistes surtout, avaient une ressemblance frappante avec les *popolani grassi* du moyen-âge italien ; ces derniers, le lendemain du triomphe de la République, rampaient aux pieds de la démocratie clémente et débonnaire ; mais redevenus les maîtres, ils étaient sans pitié et se vengeaient même de leurs propres humiliations.

On peut juger par là du concours moral et matériel que ces défenseurs de la religion, de la famille et de la propriété, comme ils se disaient tous, prêtèrent aux affidés de Verhuell-Bonaparte, dans l'exécution des ordres de ses principaux complices.

Sans les excitations furibondes de ces hommes gangrenés d'égoïsme, il est hors de doute que les autorités supérieures, se trouvant sans appui parmi les populations, auraient reculé devant la responsabilité terrible qu'elles allaient assumer sur leurs têtes, et qu'elles n'auraient songé qu'aux strictes nécessités de la situation créée par le Coup d'État.

A ces hommes donc, comme aux agents du parjure du 2 Décembre, la responsabilité des crimes que nous avons à raconter, crimes qui consternèrent l'immense majorité des habitants du Var et plongèrent dans le deuil ou la désolation plus de trois mille familles !

Enhardis par le sinistre exemple que le proconsul Pastoureau leur avait donné sur la route de Tourtour à Aups, les soldats et les gendarmes se conduisirent comme de vrais barbares, après la dispersion des insurgés sur l'Esplanade d'Aups. Ceux qui tombèrent sous les balles des tirailleurs pendant les escarmouches qui eurent lieu çà et là aux alentours de la ville, ne suffirent pas à leur vengeance. Ne pouvant tuer les autres en braves, ils les assassinèrent à coups de fusil, à coups de baïonnette, à coups de sabre. Les gendarmes surtout, qui s'étaient élancés dans la plaine d'Uchâne, sous le commandement du capitaine

Houlez, à la poursuite des malheureux fuyards,
furent impitoyables, et les républicains payèrent
ainsi le mépris que la conduite policière de la plupart
d'entre eux leur avait inspiré sous le ministère
d'Hautpoul.

Nous n'avons pu, dans l'exil, où ces pages ont été
écrites, recueillir sur cette tuerie, les renseignements
nécessaires pour en raconter toutes les horreurs;
mais, nous espérons que les faits suivants en
diront assez pour éclairer le jugement des lecteurs
impartiaux.

Le citoyen Clair Jourdan, ménager du Luc, fut une
des premières victimes de cette décembrisade. Blessé
d'un coup de feu à la jambe, sur la route de Sillans,
il se traînait péniblement vers un mur pour se mettre
à l'abri des balles, lorsqu'il fut aperçu par une
escouade de soldats qui conduisait des prisonniers à
Aups. Sur le champ, un de ces soldats se détache de
l'escorte, fond comme un tigre sur Jourdan, et lui
lance un coup de baïonnette dans le dos. Le coup
ayant été détourné par la main de la victime, l'assassin allait lui en porter un second, lorsqu'un de
ses camarades lui cria :

—Laisse-le donc c.......! ne vois-tu pas que c'est
un vieillard?

Le soldat, qui était vieux aussi, s'arrêta soudain et
retourna dans les rangs, honteux de sa mauvaise
action. Mais ce cri de pitié ne sauva pas Jourdan.
Presque au même instant, des voltigeurs attardés se

précipitèrent vers lui, et s'étant arrêtés à quelques
pas de distance, mirent un terme à ses plaintes
déchirantes en le tuant à coups de fusil. « Je crois le
voir encore, nous disait un des témoins du crime ; il
était horriblement défiguré ! »

Un autre vieillard du Luc, le citoyen Joseph
Laborde, perruquier, fut atteint par la cavalerie dans
la plaine d'Uchâne. Il était sans armes. Quelques
gendarmes voulaient qu'on l'épargnât ; mais les autres
furent sans pitié. Frappé d'un coup de pistolet, puis de
coups de sabre, il tomba sous les pieds des chevaux,
où il fut de nouveau sabré et frappé d'une balle qui
lui traversa le cou. Laissé pour mort par les gendarmes, le malheureux Laborde put se relever et se
traîner jusqu'au Luc, où il expira peu de jours après.

Parmi les insurgés que les décembriseurs poursui-
vaient dans la plaine, se trouvait le citoyen Etienne
Villeclère, menuisier du Luc, qu'un asthme empê-
chait de courir. Se voyant sur le point d'être pris
par les gendarmes, il se mit à crier :

— Mes amis ! mes amis ! ne m'abandonnez pas !

Ces cris de détresse firent accourir le citoyen
Hippolyte Maurel, maçon de la même commune, et
le citoyen Jean-Baptiste Aymard, du Muy, ouvrier de
celui-ci. Mais cet acte de dévoûment leur coûta la
vie ! Ils furent massacrés avec Villeclère et foulés
aux pieds des chevaux. La figure de Maurel était
littéralement hâchée, et le lendemain un de ses
compatriotes ne le reconnut qu'à ses vêtements.

Avant l'arrivée des troupes, une quinzaine de Salernais, avancés en âge, avaient été engagés par leurs jeunes compatriotes à retourner au pays. Ces vieux patriotes, après avoir mis leurs fusils en des mains vigoureuses, s'éloignèrent d'Aups avec le regret de ne pouvoir résister plus longtemps au Coup d'État. Un d'entre eux, le citoyen Jean-Baptiste Ferlandy, âgé de 66 ans, ne pouvant plus suivre, s'arrête pour s'asseoir. Pendant cette halte, les gendarmes arrivent et, après un court interrogatoire, il est impitoyablement massacré.

Sur la route de Sillans, un autre Salernais, M. Féraud, propriétaire, chaud partisan de l'ordre, de la famille et de la religion, déjeunait, au retour de la chasse, à côté d'un puits. La cavalerie passe, elle le prend pour un insurgé, à cause du fusil qui est auprès de lui, et malgré ses dénégations énergiques, un gendarme lui casse la tête d'un coup de carabine.

M. Maquan songeait sans doute à Féraud, lorsque peu de temps après, il écrivait ces lignes: « Sous l'empire de l'état de siège et par suite du système de la fusillade immédiate appliquée à tout homme trouvé les armes à la main, il est aussi dangereux de rencontrer des amis que des ennemis, des soldats que des insurgés! »

On tua encore après la défaite, dans les environs d'Aups, dix républicains dont voici les noms :

François Bonnet; Bonnet, dit *Volant;* Ganzin, dit *le Russe,* et Emeric, dit *Mérigon,* tous les quatre cultivateurs du Luc ; un Suisse du nom de Christian, ouvrier cordonnier au Luc; Henry, dit *Praxède,* cultivateur des Mayons-du-Luc; Martin, dit *Ferrari,* propriétaire du Luc; François Dufort, cultivateur de Brignoles; Joigneaux, dit *la Jambe de Bois,* tailleur d'habits de Lyon, résidant au Luc, et Charles Equy, dit *Testo,* scieur de long de Barjols, beau-frère de Ferdinand Martin, dit *Bidouret* (1).

«La mort de Joigneaux, dit Noël Blache, fut héroïque. Son infirmité ne lui permettant pas de suivre ses camarades, il s'était retranché près d'une vieille tour, située au bord de la route de Salernes. Quand les soldats, postés en tirailleurs, lui crièrent de se rendre: « Me rendre ! répondit-il. J'ai laissé ma jambe aux barricades de Lyon, je laisserai mon corps ici !» et il déchargea ses deux pistolets sur les soldats qui tirèrent en même temps sur lui et l'étendirent raide mort.

Ce sont là, croyons-nous, avec Martin, dit *Bidouret,* les seuls citoyens qui soient tombés aux alentours d'Aups, martyrs de leur foi républicaine.

Quant au nombre des blessés, nous avons des raisons de croire qu'il n'a pas été de beaucoup supérieur à celui des morts. Le seul d'entre eux dont nous ayons entendu parler, est le citoyen Pascal Brun, cultivateur du Luc, qui échappa à la mort par

---

(1) D'après Louis Martin, frère de Bidouret, Ch. Equy, en apprenant le sort de ce dernier, se serait réfugié dans les bois et aurait fini par s'y suicider.

un hasard providentiel. Voici dans quelles circonstances :

Brun et plusieurs de ses compatriotes sont aperçus par la gendarmerie, qui, de loin, les somme de mettre bas les armes. Ne pouvant lui résister à cause de la supériorité de ses forces, ils obéissent à cette injonction en déposant leurs fusils à terre. Aussitôt les gendarmes se précipitent sur eux et font usage de leurs armes. Les camarades de Brun parviennent à se sauver; quant à lui, après avoir reçu un coup de feu à la main, il tombe frappé d'une balle à la tête. Plusieurs coups de sabre lui sont ensuite portés dans les reins. Puis, un gendarme descend de cheval, le retourne sur le dos et lui fracasse la mâchoire d'un coup de bancal. Brun en éprouve une douleur atroce, mais il a assez d'énergie pour en maîtriser l'expression au point de faire accroire à ce misérable qu'il a rendu l'âme.

Les gendarmes continuent leur route... Brun se relève et se traîne jusqu'à une certaine distance du chemin. Recueilli par des paysans, il est porté dans une ferme voisine, où il reçoit les premiers soins. Mais la gravité de ses blessures inquiète ses hôtes, qui croient devoir le faire transporter à l'hôpital d'Aups. Prévenue de ce fait, la réaction ne tarde pas à se ressaisir de sa proie. Le lendemain, malgré son état alarmant et la rigueur de la saison, Brun est étendu sur une charrette et conduit ainsi jusqu'à la prison de Draguignan. Enfin, après avoir passé plusieurs mois à l'infirmerie de cette maison de détention, il est relâché. On raconte qu'un des gendarmes qui l'avaient si bien martyrisé, visitant un jour l'infirmerie, lui dit, en l'apercevant :

— Mon cher, vous l'avez échappé belle; il paraît que vous avez la peau dure!

On raconte aussi que lorsque Pascal Brun parlait de son effroyable aventure, il disait avec son rude accent provençal :

« Leïs gendarmos jugàvoun de ïou coumo un gat d'uno rato. »

(Les gendarmes jouaient de moi comme un chat d'une souris).

AUTRES PROUESSES

Las de galoper dans la plaine d'Uchâne et sur les grands chemins, où, faute de vieillards et de malades, il ne restait plus de lauriers à cueillir, les gendarmes retournèrent à Aups, auprès des organisateurs de la victoire, qui, par des félicitations sans nombre, leur donnèrent un avant-goût des récompenses qu'ils avaient si bien méritées.

« Les cadavres restés sur le champ de bataille, dit Noël Blache, furent apportés le lendemain à l'hospice d'Aups. D'après le témoignage de la supérieure de l'hospice, les corps étaient défigurés et couverts de blessures. Il y avait parmi ces cadavres, celui d'un enfant de quinze ans, qu'un coup de sabre avait presque fendu de haut en bas: « C'était navrant à voir, me disait-elle, et je ne pus pas m'empêcher de protester auprès du préfet. »

Avant le départ pour Salernes, les troupes avaient pris quelques heures de repos; mais pendant ce laps de temps, toutes n'étaient pas restées inactives. On opéra dans certaines maisons, avec l'aide de la force armée, des visites domiciliaires qui amenèrent la découverte de quinze quintaux de poudre et d'un approvisionnement considérable de balles et de cartouches abandonnés par les insurgés. En outre, la plupart des officiers assistèrent à un banquet qui fut donné en leur honneur par les *popolani grassi* (le peuple gras) de la ville. Ajoutons qu'une compagnie fut laissée dans Aups pour maintenir la tranquillité.

On arriva à Salernes. « La ville était plongée dans la désolation. Dans les rues, sur le seuil des portes, on voyait des femmes pâles et tremblantes, qui fouillaient d'un regard anxieux les rangs des prisonniers traînés à la suite de la colonne. Elles cherchaient à reconnaître un père, un frère, un mari! Ce désespoir muet avait quelque chose de navrant et de sinistre à la fois. Pour éviter une surprise nocturne, on donna l'ordre d'illuminer les maisons. »

Les prisonniers furent logés dans une salle du premier étage de l'hôtel Basset. Ceux qui avaient été arrêtés par les soldats durent se féliciter dans une certaine mesure de n'être pas tombés aux mains barbares des gendarmes; mais il y en eut plusieurs pour lesquels ce sentiment de satisfaction ne fut malheureusement pas de longue durée.

Après le massacre des traînards, vinrent les fusillades sommaires.

Le lendemain, vers les sept heures du matin, au moment du départ pour Lorgues, le capitaine de gendarmerie Houlez ordonna aux gendarmes Mayère et Valdenner, de la brigade du Luc, de lui amener

Giraud, dit l'*Espérance*, tisserand du Luc, et Auguste
Pellas, dit *Bon*, cultivateur du village de Vinon, qui
étaient au nombre des prisonniers. Après les avoir
injuriés comme pouvait seul le faire un capitaine de
carabiniers du *Bomba* de Paris, Houlez demande aux
deux gendarmes si leurs carabines sont chargées.
Sur leur réponse négative, il leur remet ses pistolets
et leur dit de conduire Giraud et Pellas derrière la
chapelle Saint-Clair, située à un kilomètre de Salernes,
et de les fusiller. On verra comment ces derniers
survécurent à l'exécution de l'ordre de ce sicaire
napoléonien.

Tous les prisonniers avaient passé une nuit affreuse.
« On nous fit coucher, a dit l'un d'eux, dans une salle
du premier étage. Une grande table nous servit de lit.
C'est là que pêle-mêle, sans couvertures, brisés par
les fatigues de la journée, les reins bleuis par les
coups de crosse que nous avions reçus, nous dûmes
chercher un peu de repos. Attachés l'un à l'autre,
incapables d'exécuter un mouvement sans voir une
sentinelle près de nous et prête à faire feu, ayant en
perspective la fusillade pour le lendemain, nous
pûmes rêver à notre aise à la paternelle sollicitude
du gouvernement. »

La bande victorieuse avait été mal accueillie à
Salernes ; mais il en fut autrement à Lorgues, où les
légitimistes éclatèrent en démonstrations de joie. Ces
bons messieurs, à la nouvelle de la défaite des républicains, avaient repris leurs armes et s'étaient

dirigés, par détachements, dans les bois pour faire la chasse aux insurgés qui cherchaient à regagner leurs foyers. Près de deux cents prisonniers furent livrés par eux à Pastoureau, qui les fit diriger plus tard sur le fort Lamalgue. Mais leurs prouesses ne s'arrêtèrent pas là. Au pont de l'Argens, de nombreux volontaires s'embusquèrent dans les oliviers et, pendant toute la nuit, tirèrent des coups de fusil sur les groupes de républicains armés dont ils n'avaient pas le courage d'opérer l'arrestation. C'est en cet endroit-là que le citoyen Jassaud, du Luc, à peine âgé de dix-sept ans, tomba frappé d'une balle en pleine poitrine. On raconte que quelques-uns de ces forcenés attachèrent une pierre au cou de ce malheureux jeune homme et le précipitèrent ensuite dans la rivière. Ce qu'il y a de certain, c'est que le cadavre de Jassaud fut retrouvé, peu de jours après, sur l'une des rives de l'Argens. Il paraît que la pierre n'avait pas été assez lourde pour l'entraîner au fond de l'eau.

Giraud et Pellas ne furent pas les seules victimes de la journée du 11. Pour la couronner dignement, Pastoureau et Trauers imaginèrent de donner en spectacle aux Lorguiens l'exécution de quatre républicains que les volontaires avaient arrêtés la veille et qui se nommaient : Célestin Gayol, bouchonnier de Vidauban ; François Coulet, cultivateur des Arcs ; Antoine Philip, cordonnier de Bargemon, et François Aragon, charron du Muy.

Voici comment un légitimiste, ami de M. Maquan, lui narra les détails de ce forfait épouvantable :

« A quelques cents pas de la colonne s'éloignant de Lorgues, quatre malheureux insurgés prisonniers s'avancent d'un pas lourd, tiraillés par la corde qui les tient enchaînés deux à deux, l'œil terne et les traits décomposés par l'épouvante de l'heure suprême. Un détachement, commandé par un gendarme à pied, les escorte. Ce gendarme porte un fusil en bandoulière ; son œil droit est caché par un bandeau noir. Au milieu d'outrages et d'insultes sans nombre, cet œil lui a été arraché à l'aide d'un clou, au moment où il était fait prisonnier par les insurgés.

» Il a cru reconnaître les auteurs de ces attentats. Ce sont ces malheureux enchaînés sous sa garde. La *justice* militaire les lui abandonne : ils vont être fusillés.

» Je ne vois aucun prêtre auprès de ces malheureux ; mais bientôt j'aperçois un vicaire de la paroisse, le digne abbé Vian accourant guidé par cet instinct de la charité, qui fait braver au prêtre catholique les plus terribles spectacles. Je m'approche du capitaine de gendarmerie en lui montrant le digne vicaire. Le capitaine fait un signe d'assentiment. Mais en ce moment, une brusque ondulation de la foule me fait perdre de vue le prêtre et les condamnés. On entend à une certaine distance les vagues rumeurs de toute une ville en proie à une *joie tumultueuse et bruyante*. La foule qui suit le lugubre cortège est comme oppressée sous le poids d'une indéfinissable émotion.

» Après avoir dépassé les murs du cimetière, les quatre condamnés, toujours enchaînés, sont séparés de la foule et disparaissent bientôt derrière un massif d'arbres touffus. Au même instant, un coup de feu retentit. Puis un second, puis un troisième. Sept (!) coups de feu retentissent ainsi. La foule se précipite... à quelques pas du chemin, dans un champ d'oliviers, à côté d'une petite masure ; dans une mare de sang, gisent la face contre terre, quatre cadavres, toujours enchaînés après la mort comme pendant l'agonie !

» Le vicaire de la paroisse, dont nous avions réclamé le ministère, et un père jésuite priaient... ·

» Le plus jeune de ces quatre malheureux, âgé de vingt ans à peine, a péri victime d'une méprise !... »

Nous nous empressons de dire que ce récit n'est pas irréprochable au point de vue de l'exactitude. L'escorte des victimes se composait non-seulement de gendarmes, mais encore d'un détachement de la garde nationale. Lorsque l'abbé Vian voulut offrir aux condamnés les secours de la religion, il fut brutalement repoussé par les gendarmes, qui lui dirent que *cela n'était pas nécessaire pour de pareils brigands.*

Quant aux faits qui auraient motivé l'exécution de ces quatre prisonniers, ils ne sont qu'une fable inventée par les décembristes pour atténuer l'horreur que ce crime inspirait à tous ceux dont le cœur n'avait pas été endurci par les haines politiques. Il

n'est pas une fois question de gendarme à *l'œil
arraché*, dans les notes qui nous ont été fournies par
des Lorguiens de divers partis, et M. Maquan, à
propos des prisonniers, au milieu desquels il a vécu
pendant trois jours, ne parle pas une seule fois de cette
prétendue victime des républicains.

D'ailleurs, si ces faits étaient véridiques, prouve-
raient-ils qu'on ait eu le droit de tuer sans jugement,
ces quatre défenseurs de la loi, pour une faute dont
un seul avait pu se rendre coupable et qui d'ailleurs
ne méritait point l'application de la peine de mort? (1)

Vous dites qu'il n'y aurait pas eu d'exécution sans
les outrages que ces jeunes gens avaient fait subir à
leur prisonnier. Mais de quel crime s'étaient donc
rendus coupables les fusillés de la chapelle Saint-Clair
et toutes ces malheureuses victimes de la décembrisade de la veille?

Que vous avait donc fait ce pauvre Alexandre
Besson, qui, le 12, à Hyères, tomba sur la toiture de
la « Tourre doou Jaï » frappé de cinq balles en pleine
poitrine?

---

(1) La réaction était si pressée de « faire un exemple »,
qu'elle ne se donna pas même le temps de constater leur
identité. On en trouve la preuve dans l'acte de décès de
chacune des victimes, où les témoins déclarent qu' « un
» individu à eux inconnu et faisant partie de la bande insur-
» rectionnelle mise en fuite à Aups, a été fusillé à la distance
» d'un kilomètre de la ville, sur la route départementale n° 20,
» par la gendarmerie marchant à la suite du bataillon du 50°
» de ligne venant de Salernes. »

Quel crime avait donc commis l'infortuné jeune homme qui, après avoir été laissé pour mort sur la route de Tourtour à Aups, fut traîné, trois jours après, à un nouveau supplice, sans avoir été l'objet d'une seule formalité judiciaire?

Et ces milliers de citoyens, qui, après avoir été arrachés de leurs domiciles, étaient conduits de prison en prison, la corde au cou, sur des charrettes, en plein hiver, jusques aux casemates du fort Lamalgue, pour être condamnés plus tard, par une commission infâme, à la transportation en Afrique ou à Cayenne, qu'aviez-vous à leur reprocher?

ARRESTATIONS DANS LES COMMUNES

Pendant que les soldats de la Constitution étaient ainsi traités, des arrestations en masse avaient lieu dans toutes les communes où la réaction avait eu à subir ou à craindre le triomphe électoral de la démocratie.

Ces arrestations s'opéraient dans des conditions dont on ne peut se faire une idée aujourd'hui. Sous-préfets, procureurs de la République, maires, juges de paix, gardes-champêtres, soldats, gendarmes, marins, gardes nationaux, avaient été lancés comme des dogues à la poursuite des républicains militants. Au mépris de la loi, on venait, au milieu de la nuit, frapper à votre porte; et si elle n'était pas immédiatement ouverte, on l'enfonçait à coups de crosse de carabine, sans vous donner même le temps d'allumer une bougie.

L'adolescent, le vieillard, la pauvre mère de famille, le malade même étaient ainsi arrêtés pour être traînés, quelquefois à demi-vêtus, jusqu'à la prison ou plutôt jusqu'au chenil de la commune, par des forcenés, qui vous traitaient, vous, le plus honnête de vos concitoyens, comme la plus vile des créatures.

Ceux qui cherchaient à s'échapper de leurs mains étaient souvent battus et menacés de la fusillade. Le capitaine de gendarmerie Houtez, étant à Gonfaron avec sa bande, dans la journée du 15, s'écria en donnant des ordres d'arrestation :

— Si l'on n'ouvre pas immédiatement, enfoncez les portes, brûlez les maisons !

Il avait dû ajouter :

— Dès que vous apercevrez un de ces pillards, mettez-le en joue et, s'il remue, pressez la détente !

Car il en fut souvent ainsi pour ce qui concerne la menace, qui, plusieurs fois, fut suivie de l'exécution.

Citons deux faits.

Le citoyen Quénis Eyglumen, étant sur le point d'être pris, monte au grenier à foin qui se trouve sur le derrière de la maison et saute par la fenêtre. Pendant qu'il court, il est aperçu par un soldat, qui lui tire un coup de fusil ; mais il échappe heureusement à ce danger et parvient même à se soustraire entièrement à la rage de ses ennemis.

Un autre démocrate, le citoyen Auguste Minjaud, ouvrier bouchonnier, est arrêté dans sa chambre. En le saisissant, on lui dit qu'on va le fusiller. Il n'a pas l'air de s'émouvoir de cette menace ; mais en descendant l'escalier, il échappe à son escorte, passe à travers une douzaine de soldats et de gendarmes qui cernent la maison, et se sauve à toutes jambes.

— Tirez dessus! tirez dessus! crie aussitôt un gendarme.

On ajuste le prisonnier, le plomb vole..... mais Auguste Minjaud n'est pas atteint et, comme Eyglumen, il est assez heureux pour se mettre à l'abri des poursuites de la réaction.

Généralement, les prisonniers étaient plus durement traités que les forçats. On pourra se faire une juste idée de leurs souffrances en lisant le chapitre de ce livre, qui a pour titre : *Les Prisonniers de Gonfaron.*

En attendant, citons quelques faits.

Voici d'abord le témoignage du citoyen Raynaud, tanneur de Brignoles, un brave et honnête père de famille, qui a subi, comme tant d'autres, toutes les misères de l'exil :

« Je fus arrêté à Brignoles, nous disait-il un jour, » et dirigé sur Toulon avec une foule de mes conci- » toyens. Notre escorte se composait de gendarmes et » de soldats du 50ᵉ de ligne.

» Jusqu'à Cuers, nous n'eûmes pas trop à nous » plaindre des fureurs de la réaction; mais à partir de » là, nos souffrances devinrent intolérables.

» En arrivant dans cette ville, on nous enferma dans » une prison pleine d'ordures, où nous étions pressés » comme des moutons dans une bergerie. Nous » adressâmes maintes réclamations à qui de droit, » nous protestâmes même; mais on ne nous écouta » pas.

» Les autorités municipales auxquelles nous de-

» mandâmes du pain, refusèrent de nous en faire
» apporter!

» Avant d'être remis en route, on nous enchaîna
» deux à deux par le cou et par les mains et on nous
» entassa sur des charrettes.

» Un jeune officier, qui commandait le détachement,
» nous défendit de fumer et de dire un mot sous peine
» d'être fusillés sur-le-champ.

» Dans les casemates du fort Lamalgue, nous étions
» couchés sur de la paille pourrie. La nourriture qu'on
» nous donnait était tout au plus bonne pour les
» chiens.

» Les soldats étaient généralement mornes et
» silencieux; ils étaient comme honteux du rôle
» infâme qu'on leur avait fait jouer; aussi, leur était-il
» expressément défendu de nous adresser la parole.

» A bord du *Généreux*, où nous fûmes transférés
» plus tard, nous étions littéralement couchés sur le
» pont: les voleurs ont au moins une paillasse; nous,
» pour avoir été les défenseurs de la loi, nous n'avions
» pas même de la litière!

» Je dois avouer cependant que sous les autres
» rapports, nous étions mieux traités qu'au fort
» Lamalgue et que les officiers du bord, au lieu de
» nous considérer comme de malhonnêtes gens,
» eurent pour nous tous les égards que nous
» méritions. »

Au nombre des prisonniers que les argousins de la
réaction conduisaient aux casemates, il n'était pas

rare de voir le père et le fils gisants sur une charrette ou se traînant sur la route, enchaînés l'un à l'autre comme des voleurs de grand chemin.

Les menaces de mort, que l'on renouvelait à tout propos étaient souvent sérieuses; si sérieuses que plus d'une fois elles furent suivies d'un commencement d'exécution. Le citoyen Gariel, notaire de Salernes, fut trois fois sur le point d'être passé par les armes; la dernière fois, il s'était vu si près de la mort, qu'il avait déjà remis sa montre à un gendarme pour qu'il la transmît à sa famille.

A Vidauban, six républicains qui avaient été emprisonnés, ne durent leur salut qu'à la courageuse intervention de l'adjoint au maire, M. Bariste. Un peloton du 50e, dit M. Joseph Malléon, des Arcs, vint chercher ces prisonniers et les conduisit sur la place de l'Eléphant, en face de la Mairie. On les rangea sur une même ligne et le commandant allait ordonner le feu, quand M. Bariste s'élançant, son écharpe à la main, entre les soldats et les prisonniers, s'écria: « Je m'oppose à cette exécution! je vous défends de fusiller ces hommes dans un pays soumis à mon autorité!» Le commandant lui fit observer que ce pays avait fourni beaucoup d'insurgés, et qu'il fallait faire un exemple. M. Bariste répliqua avec énergie que c'était là un acte illégal; qu'on ne pouvait fusiller un homme sans le juger, alors surtout qu'on pouvait avoir affaire à un innocent. Ces énergiques paroles calmèrent la rage de ce misérable commandant, et les prisonniers furent sauvés. Néanmoins cela ne les empêcha pas d'être dirigés le même jour sur Draguignan, et de là sur les casemates de Toulon.

Ces citoyens étaient : Michel, de Vidauban ; Vacquier, Testoris et Rousseau, des Arcs ; Tamburin de la Garde-Freinet, et Napoléon Griffon, de Gonfaron.

Nous n'en finirions pas si nous voulions raconter toutes les tortures des prisonniers.

Ces malheureux apôtres de la cause du juste et du bien n'avaient pas seulement à souffrir des coups de dents de la meute décembriste; il leur fallait encore, dans certaines localités, endurer les lâches aboiements des chiens de toute taille et de toute couleur qui se trouvaient sur leur passage. Quand les charrettes chargées des prisonniers de Cuers, traversèrent le chef-lieu du canton de Solliès, la population presque tout entière se montra sympathique à ces infortunés, qui étaient réellement les plus honnêtes citoyens de Cuers. Eh bien ! les réactionnaires de Solliès-Pont eurent l'infamie de venir insulter à la douleur publique et au malheur des prisonniers. Ils accueillaient avec des éclats de rire, eux, leurs femmes et leurs enfants, ces victimes du droit et de la loi, qu'on venait d'arracher des bras de leurs familles et qui allaient être enfouies dans les souterrains du fort Lamalgue, pour être livrées plus tard à des juges prévaricateurs.

CONDAMNATIONS ET AUTRES INIQUITÉS

Les visites domiciliaires étaient souvent accompagnées de circonstances révoltantes. Non contents de bouleverser les meubles, de violer le secret des papiers intimes, de saisir les armes de luxe, d'arracher à la tendresse du fils le sabre ou le fusil d'honneur du vieux père, les agents de la réaction se livraient encore à des actes de violence sans nombre et poussaient la méchanceté jusqu'à plonger dans les paillasses et dans les matelas leurs sabres et leurs baïonnettes !...

Ils firent plus : un jour, après une première descente sur les lieux, l'habitation rurale du citoyen Goiran, propriétaire du Muy, est tout à coup envahie par trente gendarmes, suivis d'une bande d'ouvriers et de bourgeois armés, qui arrivent avec des dispositions sinistres. « Nous avions reçu l'ordre, avouèrent plus tard quelques-uns d'entre eux, de tirer sur ce brigand aussitôt que nous l'apercevrions. » Il est à remarquer que le même ordre avait été donné à Hyères, au moment où les marins de la frégate *l'Uranie,* dirigés par MM. Denis et Barneoud, anciens maires d'Hyères, se mettaient en route pour la *Tourre doou Jaï,* où se reposait des fatigues de la chasse le malheureux Alexandre Besson.

Ces forcenés entrent dans la maison et la visitent dans tous les coins et recoins. Tous les meubles sont bouleversés par eux; toutes les portes sont enfoncées à coups de crosse de fusil. Une seule est respectée: celle de la chapelle qui renferme la tombe du fils de Goiran.

Cependant, après avoir tout vu et tout fureté, on se ravise et on retourne à la chapelle. On sait que la clé est entre les mains de la pauvre mère. Mais qui aura le courage d'aller la lui demander? Plusieurs de ses concitoyens s'offrent pour cela!... Bientôt la chapelle est ouverte. La foule se précipite dedans... Personne! Alors, que fait-on? On soulève le couvercle de la tombe. Un brigadier de gendarmerie, suivi d'un de ses hommes, descend jusqu'au fond du sombre caveau... Indigné, les larmes aux yeux, un serviteur de la maison lui parle du respect que l'on doit aux morts. Mais ce misérable n'écoute rien!... Il cherche jusque sous le cercueil, le malheureux père, dont la personne, sinon la pensée, est heureusement absente de la tombe de son fils!...

Pour que le lecteur impartial puisse se rendre un compte plus exact de la situation terrible des républicains, après la déroute d'Aups, n'oublions pas:

La mise en état de siège du département, le séquestre des biens dans certaines communes, les mesures inquisitoriales des juges d'instruction choisis par les autorités militaires, le despotisme du sabre imposé aux suffrages des citoyens tremblants, en l'absence de toute liberté de discussion et de toutes garanties électorales, les iniquités de la commission mixte, condamnant, sans jugement, deux mille cent seize citoyens, y compris trente-huit femmes, dont la plupart eurent à subir la peine de la transportation en Afrique !

Ces condamnations se résumèrent ainsi :

596 à la surveillance ;

471 à l'internement ;

296 à l'expulsion de France ;

748 à la transportation en Algérie ;

5 à la déportation à Cayenne.

Il y eut, en outre, 165 citoyens condamnés par les tribunaux et les conseils de guerre, dont : 140 à la prison et 25 aux travaux forcés ou à la peine capitale.

Total des condamnations : 2,281.

« Les femmes, dit Noël Blache, ne furent pas épargnées. Plusieurs de celles qui avaient accompagné la colonne, subirent de rigoureuses condamnations. C'est ainsi que Césarine Icard, fut condamnée à dix ans de déportation. Il en fut de même d'Angélique Bérenguier, de Julie Isnard et de Joséphine Maire ; Catherine Truc, Solange Lonjon et Appollonie Lonjon furent condamnées à cinq ans de transportation à Lambessa. Mme Ferrier et son mari eurent le bonheur de passer en Amérique. »

La jeune et belle Mme Ferrier était enthousiaste des idées républicaines. Dans le but de soutenir le moral des patriotes, elle se costuma en déesse de la *Raison*, et marcha bravement avec son mari en tête du contingent de Saint-Tropez.

Parmi les citoyens renvoyés par la Commission mixte devant les Conseils de guerre, se trouvait Jacquon, accusé d'avoir tué, à Cuers, le brigadier de gendarmerie, au moment où celui-ci venait de tirer son sabre contre les défenseurs de la Constitution. On le condamna à mort; mais sur les supplications de sa vieille mère, sa peine fut commuée en celle des travaux forcés. Il mourut à Cayenne, où sont morts aussi, comme tant d'autres, deux de ses compatriotes : Mourre, dit le *Pacifique*, et le frère de celui-ci. Jacquon était de mœurs irréprochables. Il en était de même des deux frères Mourre, ainsi que de leur père, qui mourut fou de désespoir dans les casemates du fort Lamalgue.

Le nombre des prisonniers avait dû être au moins de trois mille, à en juger par le nombre des condamnations (1). Quant à celui des fugitifs, il serait bien difficile de l'établir. Tout ce que l'on peut dire, c'est

(1) Les victimes survivantes de ces actes monstrueux et les ayants-cause des victimes décédées, qui sont devenus pensionnaires de l'Etat en vertu de la loi réparatrice du 30 juillet 1881, sont au nombre de 3,405. Ces rentes viagères, qui varient de 20 à 1,200 francs, s'élèvent en totalité à la somme de 990,000 francs.

que les campagnes étaient littéralement dépeuplées
et que la récolte des olives ne put être faite par
suite du manque de bras. (Voir le *Moniteur* du
29 janvier 1852.)

« Ces chiffres sont d'une éloquence supprême ».
Cependant nous n'avons pas fini de remplir notre
tâche. Nous avons à citer encore les traits calomnieux
lancés de toutes parts et tombant comme grêle sur
les vaincus. Pauvres martyrs du droit et du devoir, de
quoi ne vous accuse-t-on pas? Vous êtes des voleurs,
des pillards, des incendiaires, des meurtriers; vous
avez violé les religieuses d'Aups; les poulies attachées
à des poteaux sur l'une des places d'Aups ont été
préparées par vous pour pendre les otages. Un de
ceux-ci, M. Maquan, pour lequel vous avez eu le
plus d'égards, se distingue entre tous par la violence
et le nombre de ses attaques, et c'est de son immonde
journal que partent presque tous les articles odieux
que propage la presse de Paris et des départements.
Pauvres victimes du guet-apens Napoléonien, qu'aviez-
vous donc fait à cette tourbe d'aboyeurs et de
calomniateurs?

Une voix cependant s'élève pour vous venger. C'est
celle de Camille Duteil, qui a eu des torts envers vous,
mais qui a su les racheter par l'énergique dignité avec
laquelle il s'empressa de prendre votre défense.

Voici la réponse que l'ex-général de l'armée
constitutionnelle adressa au rédacteur haineux et
déloyal de *l'Union du Var :*

« Nice, 2 janvier 1852.

» Monsieur, j'oppose le plus formel démenti aux
» assertions de votre correspondant de Riez, qui a vu
» mes compagnons se jeter sur leurs armes pour me
» fusiller, puis me mettre à pied, me garrotter et me
» traîner après eux en me prodiguant l'insulte. Ceux
» que j'ai menés aux combats, ceux qui n'ont pas
» voulu m'abandonner, qui m'ont pour ainsi dire, porté
» dans leurs bras jusqu'à la frontière du Piémont,
» prêts à m'ouvrir un passage les armes à la main, au
» pont de Gueidan, ceux-là, monsieur, ne peuvent être
» des lâches et il n'y a que les lâches qui assassinent
» avec le fusil ou avec la plume.

» Que vous dirai-je de l'ignoble relation de votre
» correspondant, qui représente un soldat sarde
» insultant les exilés Français, en leur chantant les
» couplets que les traîtres murmuraient ici devant les
» soldats de Charles-Albert, après la bataille de
» Novarre? Ce serait outrager de braves soldats qui
» nous ont fraternellement accueillis, que de chercher
» à les justifier d'une pareille infamie.

» Les autorités Piémontaises nous auraient traités,
» d'après ce même correspondant, comme des malfai-
» teurs, et la population de Nice n'aurait manifesté
» pour nous que le plus profond mépris. A cela je
» réponds que l'autorité a eu pour nous tous les
» égards dus au malheur et que c'est chez les
» habitants de Nice que la plupart de nos compagnons
» ont trouvé asile et travail.

» Il en est de tous ces récits comme des poulies que
» j'aurais fait préparer à Aups pour pendre les
» prisonniers, au nombre desquels vous étiez,
» Monsieur le Rédacteur. Je m'attendais que vous
» montreriez plus de respect pour vous-même, sinon
» plus de reconnaissance pour celui qui vous a
» protégé, rassuré, soutenu, alors que la colère du
» peuple grondait autour de vous.

» J'ai l'honneur de vous saluer.

» Camille DUTEIL. »

Cette verte leçon de morale et de dignité donnée à
M. Maquan, fut publiée dans l'*Avenir de Nice* et
produisit sur l'esprit de la population de cette ville
un excellent effet au point de vue des intérêts de
l'émigration française. Nous ignorons comment elle
fut accueillie par M. Maquan.

Il est probable qu'il y répondit en continuant
ses attaques déloyales contre les condamnés et
les proscrits. Les monarchistes de la trempe de
M. Maquan ont deux devises qu'ils arborent tour à
tour, selon la circonstance : *Vœ Victis* et *s'aplatir*.

Mais laissons de côté ce fougueux serviteur du
trône et de l'autel, et disons quelques mots de
M. Quentin-Beauchart, commissaire délégué par
Louis-Napoléon, pour réviser les décisions des
commissions mixtes. M. Quentin-Beauchart ne vint pas
seulement pour diminuer, supprimer, commuer des
condamnations. Il vint surtout pour rallier les popula=

tions au gouvernement de décembre, pour corrompre les républicains; mais il n'y réussit pas. Le parti démocratique du Var, sauf quelques rares défections, est resté tout entier fidèle à ses principes. Honneur à lui!

M. Quentin-Beauchart, qui venait de déserter le camp de la République, et qui espérait trouver de nombreux imitateurs, poussa l'outrecuidance jusqu'à tenter de convertir à ses nouvelles idées, son ex-collègue à l'Assemblée nationale, le citoyen Miot, qui se trouvait alors au nombre des prisonniers du Palais-de-Justice de Toulon.

Il se présenta, souriant, devant ce fidèle ami du peuple, qui occupait une modeste cellule avec l'officier de marine Ledeau, l'un des principaux rédacteurs de la *Démocratie du Var*.

Mais l'inflexible républicain, bondissant d'indignation, l'arrêta par ces mots :

« Retire-toi, misérable collègue. Je suis un citoyen honnête et je n'ai rien à demander au complice de celui qui vient de fouler aux pieds la Constitution et les lois. »

Cela n'empêcha pas M. Quentin-Beauchart de continuer ses démarches ignominieuses et de demander aux malheureux condamnés dont il humiliait la conscience ou dont il abaissait le caractère, une déclaration généralement conçue en ces termes :

« Je soussigné, déclare sur l'honneur, accepter avec reconnaissance (!), la grâce qui m'est faite par le

prince Louis-Napoléon, et m'engage à ne plus faire
partie des sociétés secrètes, à respecter les lois (!) et
à être fidèle au gouvernement que le pays s'est
donné (!) par les votes des 20 et 21 décembre 1851. »

Comme ces exigences étaient misérables et
combien nous avons eu raison de dire dans l'avant-
propos de ce récit, que Louis-Napoléon, président de
la République, était un Robert-Macaire au pouvoir !

FUREURS CLÉRICALES

Un soir d'hiver de l'année 1838, nous étions à souper, avec plusieurs de nos amis, chez l'aimable M. Gilly, chef d'institution à la Crau d'Hyères, village charmant situé entre la petite rivière du *Gapeau* et la route de Toulon, à une lieue environ de la vallée des Orangers et des Rossignols.

Au moment où la cuisinière apportait le rôti, quelqu'un se mit à battre la générale, au moyen de deux barreaux de chaise, sur la porte de la maison.

En ce temps-là, à la Crau, comme dans toutes les petites localités, on se mettait généralement au lit de très bonne heure.

— Voilà un gamin, dit un des invités, qui n'a pas l'habitude de se coucher comme les poules.

— C'est vrai, dit M. Gilly père; mais il a bien dépassé l'âge où l'on est tenu d'obéir à papa et à maman.

— Et quel âge a-t-il donc, ce gamin?

— M. l'abbé Giraud doit bien avoir soixante-douze ans. N'est-ce pas ma femme?

— Sans compter les mois de nourrice, répondit en souriant Mme Gilly.

— *E lou chiquet*, dit en même temps la cuisinière, tout en allant ouvrir au nocturne tapageur.

— Comment? c'est le curé du village qui...

— Lui-même; et en voici la preuve, dit le père de Gilly, en nous présentant de la main le curé Giraud, qui avait eu soin de remettre les baguettes dans sa poche et qui entrait dans le salon, la canne à la main, le tricorne sur l'oreille, avec l'air d'un visiteur qui ne veut pas être considéré autrement qu'un habitué de la maison.

J'observai le curé Giraud. C'était un beau vieillard aux cheveux argentés, qui avait de grands yeux bleus, le teint un peu pâle et une petite pointe de vivacité enfantine qui le rendait sympathique à première vue.

Après nous avoir dit d'une voix un peu magistrale : — La paix soit avec vous! le curé de la Crau s'assit au coin de la cheminée, quitta sa canne, ôta son tricorne, et, pendant tout le reste du repas, ne cessa de nous réjouir en nous racontant maintes historiettes, en pinçant l'oreille à celui-ci, en donnant une tape sur l'épaule de celui-là et surtout en nous chantant d'une voix chevrotante, des noëls de sa composition, dont la naïveté eut le don de nous faire rire jusqu'aux larmes.

Disons aussi que tout en cherchant à distraire la société, le curé Giraud, ne refusait pas de tâter du dessert, de boire de temps en temps *deux doigts de vin pur* et de se laisser garnir la poche de bonbons pour les donner, après en avoir entamé la quantité, aux petits enfants qui le lendemain devaient avoir l'heureuse chance de se trouver sur ses pas.

C'est ainsi que le bon vieux curé était avec la généralité de ses paroissiens, qu'il visitait tour à tour et qui, peut-être à cause de cela, le vénéraient non pas seulement comme leur pasteur, mais comme un véritable père.

Plein de simplicité et de bonhomie, aimant son prochain plus que lui-même, le bonheur du curé Giraud était de rendre heureux le plus possible aussi bien ceux qui vivaient en dehors de son ministère, que ceux qui pratiquaient avec le plus de ferveur les devoirs de la religion.

Aussi n'était-il pas rare de le voir, un jour de fête, tolérer par sa présence maints quadrilles sur la place même de l'église, faire la partie de boules le long des avenues du village et chanter vêpres immédiatement après la messe pour rendre ses ouailles libres de profiter, pendant toute l'après-midi, des rayons du soleil d'automne ou des émanations vivifiantes du printemps.

Le curé Giraud et l'abbé Montagne, curé de Pierrefeu, prêtre si vertueux, si charitable qu'il avait tout donné aux pauvres, même sa culotte des dimanches, réalisaient, selon nous, tout ce qu'on doit attendre de ceux qui ont pour mission de propager les préceptes républicains du crucifié de Jérusalem.

Au point de vue du maintien de ces croyances si douces et si consolantes que professaient Rousseau, Robespierre, Esquiros, qui soutenaient le courage de Barbès, après sa condamnation à mort, et qui sont encore énergiquement défendues par Victor Hugo, combien il est à regretter que la plupart des prêtres se soient mis en lutte ouverte contre le progrès des idées modernes! Si au lieu d'être les très humbles serviteurs du Pape, ils étaient restés tout simplement les continuateurs de Jésus de Galilée, comme les curés Giraud et Montagne, qui se serait jamais avisé de demander la séparation de l'Église et de l'État?

Combien surtout les prêtres du Var ressemblaient généralement peu, en 1851, aux deux bons curés que nous venons de citer comme exemple!

Pendant que les apôtres militants du *Premier Républicain du Monde* étaient traités comme des scélérats, que faisaient dans le Var, les ministres de la Religion qui le divinise? Animés d'une sainte colère, essayaient-ils de soulever les fidèles contre les agents du destructeur de la Constitution et des libertés publiques? Cherchaient-ils au moins à prévenir l'effusion du sang? A disputer de malheureuses victimes à ces bandits? Bien au contraire : ces adorateurs du dieu Sabaoth et du Veau d'Or; ces courtisans efféminés des marquis de Carabas, après avoir accueilli avec une pieuse satisfaction la nouvelle du guet-apens Napoléonien et, avec un saint enthousiasme, celle du massacre décisif des Boulevards, — applaudissaient encore à l'exécution des abominables mesures qui frappaient d'épouvante, dans 27 départements, la presque totalité des populations républicaines !

Entre autres ecclésiastiques qui de près ou de loin coopérèrent aux vengeances de la réaction, on nous a cité MM. Wicart, évêque du diocèse ; Féraud, vicaire d'Aups ; Davin, curé de Solliès-Pont ; Barbarroux et Mourre, vicaires de Brignoles ; Infernet, curé de Draguignan, et Raynouard, curé de Gonfaron.

Au moment où les troupes du colonel de Sercey débouchaient sur la place Carami, à Brignoles, le docteur Barbarroux, qui venait de quitter l'Hôtel-de-Ville, où siégeait la municipalité provisoire, aperçut les abbés Barbarroux et Mourre qui se dirigeaient du côté des soldats, suivis d'une bande de gamins qui poussaient avec eux des cris de victoire. Il les vit danser pendant quelques instants, devant les tambours, comme David devant l'arche, puis faire demi-tour et continuer leurs gambades en agitant leurs mouchoirs vers les fenêtres toutes garnies de réactionnaires mâles et femelles, qui répondaient de la même manière à ces ridicules champions de la religion du Vatican.

Le curé Davin fut un de ceux qui contribuèrent le plus à aiguillonner la rage des agents napoléoniens.

Il était à la tête des principaux réactionnaires du canton de Solliès-Pont, qui, le 4 au soir, se portèrent à la rencontre des troupes en leur criant :

—Vous êtes nos sauveurs! vous êtes nos sauveurs!
Sans vous, nous allions être égorgés!

Ces paroles étaient une abominable calomnie, car
les républicains n'avaient pas même menacé un seul
de leurs ennemis, et on ne les accusait de cette façon
que pour les faire égorger eux-mêmes.

Plus tard, M. Davin ne cessa d'assiéger la Préfecture et le Parquet pour obtenir des condamnations
contre les républicains : ce bon pasteur voulait faire
transporter à Cayenne ou à Lambessa la moitié de
ses ouailles.

La rage de M. Davin était telle que, plus d'une fois,
elle menaça de tourner à la folie. Dans la journée du
6 décembre, ayant aperçu un cantonnier qui travaillait
sur le grand chemin de Solliès, une cravate rouge
nouée autour du cou, il courut sur lui, les poings
crispés, les yeux hors de la tête, et le saisissant par
la cravate :

—Va joindre les assassins de Cuers au fort
Lamalgue, lui cria-t-il avec fureur; va les joindre, va!

Le pauvre travailleur fut si violemment secoué,
qu'il faillit tomber en syncope entre les bras des
personnes accourues pour le tirer des mains de cet
ecclésiastique rougeophobe.

Et dire que M. Davin avait été un des premiers à
acclamer la République, comme tant d'autres de ses
confrères, et qu'il avait même chaudement péroré
sur une estrade, lors de la plantation de l'arbre de la
Liberté!

Ces détails nous ont été donnés par l'abbé Terrin, notre ancien compagnon d'exil et notre ami. Républicain consciencieux, l'abbé Terrin avait depuis longtemps quitté la soutane pour se consacrer entièrement, comme Lamennais, au service de la démocratie. C'était un écrivain distingué. Sous ce titre : *Etudes sur la Biographie Évangélique*, il publia à Gênes, en 1852, un livre de libre examen qui lui valut plusieurs lettres de félicitations de M. E. Littré, de l'Institut. Il est mort à Solliès-Pont, sa ville natale, le 17 novembre 1872, à l'âge de 80 ans. Ses obsèques furent purement civiles.

M. Féraud a publié, en 1852, sous le voile de l'anonyme, et sous ce titre : *Défaite des Insurgés à Aups,* une brochure dans laquelle il se complaît à incriminer, non des faits, mais des projets qui n'ont assurément germé que dans l'imagination des réactionnaires. Les lignes suivantes, que nous tirons de ce récit assaisonné de fiel et d'eau bénite, édifieront le lecteur sur la valeur des assertions de M. Féraud et sur le degré de violence de son langage :

« Le 10 décembre, vers les deux heures du matin,
» l'infernale trompette des insurgés retentit dans
» toutes les rues, au milieu des ténèbres de la nuit.
» Par l'ordre de Duteil, elle appelle tous les chefs de
» section de l'armée révolutionnaire à un conseil
» général dans la grand'salle de l'Hôtel-de-Ville.
» Bientôt le *pandemonion* est au grand complet. La
» séance est terrible, effrayante ; c'est une mer en

» fureur dont les vagues écumantes s'entrechoquent
» en tous sens et se brisent avec fracas. Les esprits
» en sont venus à ce point d'égarement, de rage et de
» folie, où toutes les lois de la nature même doivent
» être abolies, où tous les crimes les plus monstrueux
» doivent être commis. Cette assemblée délibérante
» de l'anarchie, quoique divisée sur le temps et les
» moyens, tombe toujours dans un accord parfait
» dans ses conclusions. De l'or, de l'argent, du sang,
» voilà le but de ses sanguinaires instincts et de ses
» insatiables appétits. Malgré le secret inviolable que
» s'imposent ces barbares, la soif du vol et du pillage
» les trahit. Des indiscrétions s'échappent de leur
» bouche et l'on peut, sans craindre de se tromper,
» classer dans l'ordre suivant les projets arrêtés et
» votés dans cette tumultueuse assemblée :

» 1º Fusiller tous les prisonniers à l'heure de midi;

» 2º Expulser de leur couvent les religieuses Ursu-
» lines et les livrer à la brutalité des insurgés;

» 3º Enchaîner tous les notables d'Aups pour être
» fusillés dans les murs de Riez;

» 4º Lever un impôt de 100 à 200,000 francs sur les
» familles les plus aisées de la ville;

» 5º Livrer ensuite la ville au pillage, au meurtre,
» à l'incendie.

» En supposant que les chefs de l'insurrection
» n'*avaient* pas des desseins si abominables et que
» leur intention *était* seulement de lever à leur profit
» de fortes contributions sur les plus riches du pays,

» toutes ces horreurs n'en auraient pas été moins
» commises. Comment Duteil aurait-il pu contenir
» dans l'ordre et la discipline ces milliers de démo-
» crates qui ne le suivaient que dans l'espoir de piller
» et de satisfaire les plus honteuses passions? Qui-
» conque a vu ces hordes de sauvages, porte le même
» jugement, et jamais les partisans de la Sociale ne
» parviendront à se laver de cette tache. »

Quand on sait quelle a été la conduite des Insurgés
envers les monarchistes et que des accusations de ce
genre tombent sous vos yeux, n'est-ce pas, lecteur
impartial, qu'on est plutôt tenté de rire que de
s'indigner?

Cependant tout n'est pas grotesque dans le récit
de M. Féraud. On y rencontre çà et là certains
mots qui vous stupéfient et qui vous donnent le
frisson :

« Comme les soldats français sont pleins d'humanité,
» dit-il, ils avaient cherché à dissiper l'insurrection et
» nullement à tuer les insurgés : aussi dix-huit
» cadavres *seulement* sont étendus à la Morgue. Il est
» vrai que plusieurs de ces malheureux seront morts
» dans leurs maisons ou dans les bois à la suite de
» leurs blessures. »

En racontant l'épisode de Ferdinand Martin,
M. Féraud est ironiquement cruel. Il qualifie le pauvre
fusillé de *prétendu mort* et ne craint pas de dire, à
propos de sa seconde exécution, qu'il a été envoyé
définitivement dans l'autre monde!

Comme le rédacteur de l'*Union du Var*, M. Féraud se livre, par moments, à des plaisanteries peu dignes de son caractère sacerdotal. Il se moque d'un courageux paysan, nommé Archier, qui, montant la garde, s'écrie à la vue des baïonnettes : — *Qui vi!* pour *qui vive!* Il appelle la décembrisade d'Aups, la *Journée des talons rouges*, et il ne tarit pas sur la couleur et la pauvreté des vêtements de ces braves cultivateurs qui ont abandonné leurs foyers pour obéir à la loi fondamentale de leur pays.

Pour ce qui concerne la fuite des insurgés, lesquels furent surpris par la faute de Duteil et d'Arambide, il convenait si peu à M. Féraud de la tourner en ridicule, que lui-même et plusieurs autres ecclésiastiques d'Aups et des environs, dont le devoir était de rester au milieu de leurs ouailles, avaient préféré la clef des champs à la couronne du martyre.

M. Féraud dit, en effet, que le curé d'Ampus, le curé de Tourtour et le recteur de Vérignon s'enfuirent de leurs paroisses déguisés en bergers; que le curé d'Aups partit pour Cotignac, que « l'autre vicaire, » sous prétexte d'accompagner le convoi des blessés, » se réfugia à Draguignan, » et que lui, M. Féraud, se sauva à toutes jambes de la sacristie, muni d'un laissez-passer qui lui avait été délivré par la commission municipale, sur les instances d'une de ses pénitentes.

Encore une fois, le proverbe provençal a raison; *Sias jamaï mascara que per la sartan.*

L'évêque de Fréjus, M. Wicart, se distingua par de brutales expansions de sa haine de prêtre, en attendant la satisfaction suprême de lancer aux vaincus, du haut de la chaire évangélique, les traits empoisonnés de la calomnie.

Ce *vénérable et pieux pasteur* ne pouvant prendre une part active aux évènements dont le Var était le théâtre, essaya de s'en dédommager en faisant comparaître devant lui un certain nombre de prêtres républicains dont deux, les abbés Gallice et Agard, du Luc, furent condamnés par lui à huit jours de détention dans l'Évêché, après avoir été invectivés de la manière la plus outrageante par ce Laubardemont en camail violet.

— Vous êtes un partageux, un pillard, un bandit, dit-il à l'abbé Agard, en s'agitant sur son siège avec fureur.

— Si j'étais un bandit, lui répondit ce jeune ecclésiastique, avec un accent plein de dignité, je ne porterais pas la robe sacerdotale et je vivrais avec mes pareils, au milieu des bois, monseigneur!

Il dit à l'abbé Gallice, qui s'était rendu à Salernes pour arracher son frère aux dangers d'une résistance devenue inutile :

— Votre frère est un scélérat et vous ne valez pas mieux que lui, puisque vous l'avez suivi à Salernes. Il est fâcheux que tous les insurgés n'aient pas été *exterminés à Aups.*

Tel était M. Wicart. Mais la Providence ne tarda

pas à châtier ce féroce prélat. Peu de temps après,
il fut chassé du diocèse par ses curés et ses vicaires,
justement indignés de ses duretés épiscopales. En lui
envoyant copie de la protestation qu'ils adressaient
au Pape, ils lui écrivirent une lettre qui se terminait
par ces mots : « Il n'y a pas dans tout le diocèse quatre
prêtres qui vous aiment et qui vous estiment,
monseigneur ! »

HYÈRES ET TOULON

Avant le 24 février 1848, les gros bourgeois de la petite ville d'Hyères étaient généralement attachés par le souvenir à l'homme qui était, et qui est encore, la personnification du régime des aristocrates et des capucins.

Mais M. de Chambord aurait été fort à plaindre si, pour le soutenir dans ses prétentions au trône, il n'avait pas eu, dans ses autres bonnes villes, des champions plus dévoués que ces campagnards égoïstes, qui n'avaient pas seulement le courage d'avouer hautement leur opinion.

Certes, si, au lieu de la République, nous avions eu le fils de la duchesse de Berry, ces *popolani grassi* n'auraient pas été des derniers à crier : Vive Henri V! Mais, comme on ne pouvait pas attendre indéfiniment le prince *légitime* sans rien avoir au côté ni à la boutonnière, on ne dédaignait pas de solliciter d'un *Buonaparte* l'écharpe d'officier civil ou le ruban de la Légion d'honneur.

Pour ressaisir le pouvoir municipal, qui leur avait été enlevé, en 1830, par un groupe de libéraux intelligents, au nombre desquels on remarquait M. Alexis Riondet, un homme de bien, que Michelet, son ami, avait surnommé : le *Grand agriculteur de la Provence*, que ne firent-ils pas au lendemain de la chute du roi Louis-Philippe? Le citoyen Charles Z..., dont nous aurons à parler bientôt, les a vus, ces légitimistes sans vergogne, le chapeau orné de la cocarde tricolore, le visage moitié pourpre, moitié blafard, serrer avec effusion les mains noires de la *canaille*, boire avec elle le vin bleu et farandoler bras dessus, bras dessous avec elle, en hurlant la *Marseillaise*, et en poussant avec frénésie les cris de : Vive la Révolution de Février! Vive la République!

Ce même citoyen a vu encore leur chef avoué, M. de David de Beauregard, tête nue et respectueusement incliné, au pied de l'acacia à fleurs blanches que le peuple était en train de planter sur la *Place de la Rade*, en guise d'arbre de la Liberté, arbre que M. de Beauregard eut le soin de faire abattre aussitôt après avoir reçu la nouvelle de la défaite des républicains à Aups.

M. de Beauregard se distingua par une foule d'autres palinodies. La profession de foi socialiste qu'il adressa, dans la même année 1848, aux électeurs du Var et qu'il avait signée sans titre ni particule, contenait, entre autres mensonges, cette déclaration, que nous nous abstenons de qualifier : « J'adhère de grand cœur et sans *arrière-pensée* à la République de 1848. »

Et depuis ces journées de liesse populaire, que ne firent-ils pas encore? Reniant leurs promesses démocratiques et « sociales », ils secondèrent toutes les réactions en érigeant la calomnie en système, en organisant l'espionnage, en violant à main armée les comices électoraux, en fermant brutalement les sociétés de secours mutuels, en destituant les employés suspects de républicanisme, en usant, en un mot, de tous les moyens pour intimider, pour terroriser, pour détruire le parti devant lequel ils venaient de s'incliner plus servilement encore qu'ils ne l'eussent fait devant leur souverain légitime !

Voilà ce que firent, de 1848 à 1851, ces prétendus amis de la propriété, de la famille et de la religion.

Nous dirons bientôt quelle fut leur conduite pendant et après les évènements de Décembre, afin qu'on puisse juger, une fois de plus, combien les monarchistes d'alors étaient inférieurs sous le rapport du cœur et du caractère, à la généralité des républicains.

En février 1848, ces derniers étaient en infime minorité à Hyères ; mais grâce à la propagande active d'un républicain d'origine et de sentiment, qui s'était imposé la mission de rallier sous la bannière démocratique les âmes généreuses, ils ne tardèrent pas à se trouver en nombre suffisant pour lutter, avec espoir de succès, contre leurs adversaires électoraux.

Le citoyen Charles Z... était ce républicain. Après

avoir été destitué comme secrétaire de l'État-Civil par une municipalité cléricale, il n'hésita pas à se démettre des fonctions d'agent de la Caisse d'Épargne, pour être entièrement libre de se livrer à la propagation de ses opinions politiques.

Il est vrai de dire que dans l'accomplissement de cette mission, il était vaillamment secondé par les citoyens que voici : Arbaud, notaire; Andrieux, tailleur d'habits; Hippolyte Berre, tourneur en chaises; Jules Castel, mercier; Caval, marchand de nouveautés; Darius Dol, fabricant de bouchons; Guibaud, cultivateur; Hébrard, négociant; Baptistin Maurel, propriétaire; Roux, instituteur; Charles Sardou, bouchonnier, et autres, car, ne pouvant les citer tous, nous en passons *et des meilleurs*.

Parmi ces démocrates militants, vint se ranger, un peu plus tard, le citoyen Alexandre Berthier, propriétaire du café *d'Orient*. Né à Strasbourg, patrie de Kléber, fils d'un volontaire de 92, Berthier avait une énergie de soldat et un patriotisme à toute épreuve. Son dévouement aux classes ouvrières était sans limite; mais il avait le tort de croire que ces classes ne devaient compter que sur elles-mêmes pour améliorer leur condition sociale. Tous les républicains sensés reconnaissent aujourd'hui que sans le concours des philanthropes bourgeois, les prolétaires n'obtiendront pas le bien-être auquel ils ont légitimement le droit d'aspirer. Quel profit, en effet, ont-ils retiré de leurs tentatives isolées de juin

1848 et de mars 1871? Aucun. Et cependant n'avaient-
ils pas alors des moyens d'action bien autrement
formidables que ceux dont disposaient les bourgeois
et les ouvriers pendant nos trois premières révolutions?
Sur ce point, Berthier n'entendait pas raison. Néanmoins, par sa propagande enfiévrée, il rendit des
services signalés à la démocratie hyéroise et se
conduisit, au moment du Coup d'État, avec un courage
qui le fit admirer même de ses ennemis politiques.

Ces deux énergiques propagandistes, Charles Z... et
Berthier, étaient sans cesse en mouvement; mais le
talent oratoire leur manquait pour faire marcher l'idée
républicaine autrement qu'au pas accéléré. Charles Z...
trouva cependant le moyen de la faire marcher au pas
de charge. Voici comment :

Sous le règne de Louis-Philippe, un jeune littérateur
de Toulon, Louis Jourdan, devenu plus tard un des
principaux rédacteurs du *Siècle*, publia, dans l'intérêt
de la candidature de l'ancien Saint-Simonien Charles
Duveyrier, qui se portait pour la députation, une série
de lettres provençales, qui eurent un succès de fou rire
dans l'arrondissement de Toulon. Charles Z... sachant
combien les paysans du Midi sont amateurs des choses
écrites dans leur langue maternelle, rédigea, à
l'imitation de *Peïre Bourtoulaïgo* (Louis Jourdan), une
lettre facétieuse sous ce titre : *La Leï deïs Feniants*
(Loi sur le repos du dimanche) et la signa du pseudo-
nyme de *Micouraou Cascayoun*. Cette lettre, ou plutôt
cette causerie, dont la forme originale enveloppait

une idée démocratique, fut insérée dans le *Démocrate du Var* et produisit sur l'esprit du peuple une impression si vive que le nom de *Cascayoun* devint, en quelques jours, un des plus populaires du département. Encouragé par ce succès inespéré, l'auteur envoya chaque samedi au même journal (de 1849 à 1851) tantôt une causerie, tantôt un dialogue, tantôt une chanson. Presque tous ces articles eurent un retentissement énorme et contribuèrent, dans une certaine mesure, à la propagation des principes démocratiques parmi les populations rurales du Var.

Pendant plus d'un an on ignora le nom de l'auteur de ces écrits « incendiaires ». Les paysans étaient convaincus que c'était un des leurs, et ils étaient d'autant plus enthousiasmés de ses *cascayounados*. Mais, par suite d'une indiscrétion, on finit par le savoir, et, à partir de ce moment, Charles Z... devint un des points de mire de la réaction : d'abord, promesses de fonctions lucratives; puis, menaces, calomnies, dénonciations, visites domiciliaires, mandats de comparution, tout fut mis en œuvre pour le réduire au silence. Mais Charles Z... était un homme de conviction et de caractère; il resta inébranlable.

M. Roques, Procureur de la République, écrivait en 1850, à l'un de ses collègues, à l'occasion du complot de Valence :

« Charles Z... publie dans un journal républicain de Toulon, en style provençal, des articles qui ne manquent pas d'esprit et qui font impression sur les yeux du peuple. Je vous annoncerai bientôt son arrestation ».

Le futur membre de la Commission mixte, que les Toulonnais avaient à si juste titre surnommé le « pourvoyeur des casemates du fort Lamalgue » ne tarda pas à tenir sa promesse. Une nuit, Charles Z... fut arrêté dans son domicile et conduit à pied, entre deux gendarmes à cheval, d'Hyères au palais de justice de Toulon, où il fut mis au secret comme le plus vil des malfaiteurs. On le jugea peu de temps après et il fut condamné à vingt jours de prison pour avoir eu l'infamie de..... retirer « violemment son bras des mains du brigadier de gendarmerie d'Hyères », au moment où celui-ci et ses hommes étaient en train de faire évacuer une des salles du café d'Orient, où des jeunes gens avaient osé chanter la *Marseillaise!*

Le brigadier avait été au contraire très convenable avec Charles Z... et ne lui avait pas même touché le bras. Les gendarmes, du reste, en convinrent pendant qu'ils conduisaient le prisonnier à Toulon; mais devant le tribunal correctionnel ce fut autre chose : obéissant à un ordre venu du Parquet ou de la Sous-Préfecture, ils déclarèrent, après avoir levé la main, que le brigadier disait la vérité et que Charles Z... était conséquemment coupable du délit de rébellion envers un agent de la force publique.

Précédemment, le commissaire de police d'Hyères, M. Delaporte, avait, à la suite d'une réunion électorale, dressé contre Charles Z... un procès-verbal dans lequel il constatait que ce citoyen avait terminé un discours par le cri de : Vive la République démocratique et *sociale,* tandis que plus de 800 personnes affirmaient n'avoir pas entendu ce cri séditieux !

C'est ainsi que procédaient messieurs les monarchistes du Var, en l'an de grâce 1850, lorsqu'ils voulaient se débarrasser d'un de ces républicains qui, dans leurs discours comme dans leurs écrits, s'obstinaient à ne pas sortir de la légalité.

Les monarchistes espéraient que ces persécutions arrêteraient l'extension du parti démocratique ; mais ils se trompaient ; ce parti gagnait chaque jour du terrain ; et son triomphe n'était pas éloigné, lorsque le 3 décembre au matin, la nouvelle arriva à Hyères, que l'Assemblée Nationale venait d'être militairement dissoute par le Président de la République.

Berthier bondit d'indignation en apprenant que malgré son serment et ses promesses, Louis Bonaparte avait osé renverser la Constitution. Il courut au domicile de Charles Z... pour annoncer à celui-ci le nouveau coup de tête, ou plutôt le nouveau crime du monomane impérial. Charles Z... n'en fut pas surpris. Tandis que nos représentants, même ceux de la « Montagne » (1) croyaient le Coup d'État renvoyé aux calendes grecques, les républicains des campagnes étaient persuadés que le conspirateur qui avait tenté

(1) Nous en exceptons un certain nombre, entre autres, le sage et clairvoyant Jules Grévy, aujourd'hui Président de la République.

deux fois de renverser la royauté de 1830, n'attendrait
pas, ayant en main les forces collectives de la nation,
que la France fût aux trois quarts démocratisée —
pour établir, à son profit, la dictature ou l'Empire.

Charles Z... demanda à Berthier ce que disait la
dépêche au sujet du gouvernement républicain ;
Berthier répondit] que la République était conservée
ainsi que le suffrage universel.

— Il fait comme son oncle au 18 Brumaire, dit
Charles Z...; il maintient la République pour mieux
aplanir la voie qui doit le conduire au trône ; mais
qu'il la conserve ou non, il y a pour nous un devoir
sacré : c'est celui de prendre les armes et de défendre
la Constitution.

— Vous savez que je ne peux pas être d'un autre
avis, s'empressa de dire Berthier ; et je venais
justement pour me concerter avec vous au sujet de
cette prise d'armes.

— J'en étais certain ; mais il ne s'agit pas de cela
pour le moment. Nous avons un devoir plus pressant
à remplir : c'est celui de partir immédiatement pour
Toulon.

— Pourquoi cela ?

— Pour nous concerter avec les démocrates de
cette ville et surtout pour les aider à organiser leur
mouvement. Vous savez qu'il y a pas mal de braillards
là-bas et qu'il y a peu à compter sur ces gens-là
lorsqu'il s'agit de tenir certaines promesses ?

— Vous avez raison, dit Berthier ; partons !

— Partons, dit Charles Z...

Et, après avoir prévenu leurs principaux amis qu'ils seraient de retour le lendemain pour faire acte de résistance au Coup d'État, ils se mirent en route pour Toulon.

En arrivant, ils furent surpris du calme qui régnait dans les rues : le mouvement industriel ne s'était pas même ralenti ; chacun vaquait à ses affaires comme dans les jours ordinaires : on ne voyait pas même un signe de satisfaction sur la physionomie des hommes bien connus de la réaction.

Enfin Berthier et Charles Z... rencontrèrent un républicain ! C'était le citoyen Casimir Dauphin, auteur de charmantes poésies provençales, et le plus dévoué propagandiste des classes ouvrières.

— Mais où se trouvent donc les républicains ? s'empressa de lui demander Charles Z... D'où vient qu'ils ne se sont pas levés en masse pour la défense de la Constitution ? Que sont devenus certains braillards qui devaient être les premiers à prendre les armes ?

Dauphin répondit avec une sorte de découragement :

— Un bon nombre de démocrates sont en ce moment réunis sur le Champ de Bataille ; mais la division est déjà parmi eux : les uns, et ce sont les plus nombreux, disent que la République et le suffrage universel étant maintenus, il est prudent d'attendre ; les autres répondent que la nouvelle promesse du Président est un leurre infâme ; que, dans tous les cas, la loi fondamentale a été violée, qu'on a juré de la défendre et qu'on doit tenir son serment; car, dans le cas contraire, on n'aurait pas le droit de blâmer Louis-Napoléon de n'avoir pas tenu le sien.

— Ces derniers sont des hommes de caractère, dit Charles Z..., et nous allons sur-le-champ nous joindre à eux. En présence du nouveau crime de Louis Bonaparte, la patience n'est plus une vertu républicaine. Venez, Berthier.

Au Champ de Bataille, Charles Z... et son camarade cherchèrent vainement le groupe de démocrates que venait de quitter Dauphin. Ces démocrates s'étaient dispersés ou avaient été délibérer ailleurs; mais où?

Charles Z... commençait à perdre patience; Berthier serrait les poings avec colère.

— Peut-être sont-ils au bureau du *Démocrate du Var*, dit Charles Z... Là où est l'idée, là doit être le quartier général. Venez.

Les deux propagandistes hyérois ne trouvèrent là qu'une douzaine de républicains qui, au lieu de chercher les moyens de soulever la population toulonnaise, étaient tout d'abord entrés dans le champ des récriminations et des personnalités.

Le rédacteur en chef, Théophile Pons, n'était malheureusement pas à Toulon ce jour-là. Il était à Marseille, où sa présence avait été nécessitée par l'impression du journal, impression dont madame veuve Baume n'avait plus voulu se charger à la suite des dix-neuf procès que Pons avait eu à soutenir.

devant la Cour d'Assises, où il avait fini par être condamné à plusieurs mois de prison.

Pons avait été surnommé par Charles Z... le « Démocrate sans peur et sans reproche. » Aussi, ce dernier est-il encore persuadé que si ce courageux citoyen s'était trouvé à Toulon, au moment de l'arrivée de la première dépêche, les autorités n'auraient pas eu le temps de prendre les mesures qui découragèrent les républicains et finirent par les mettre dans l'impossibilité de résister au Coup d'État.

Cependant, grâce aux efforts de Charles Z... et de Berthier, le calme ne tarda pas à se faire dans les esprits, et on décida, non sans avoir tour à tour discuté et rejeté maintes propositions, que plusieurs membres de la réunion se rendraient à la Mairie pour demander un local, où le peuple serait convoqué dans le but de prendre une résolution définitive.

Les délégués furent reçus par le Maire, M. Raynaud, ancien commissaire des bagnes, placé à la tête du Conseil municipal, bien plutôt à cause de sa servilité, et de son obésité magistrale, qu'à cause de ses aptitudes administratives.

Déjà rassuré par la deuxième dépêche annonçant que le « Prince » était accueilli sur son passage par les plus vives acclamations (ce qui était un mensonge), M. Raynaud, avec le ton du cuistre qui triomphe, refusa de donner le local et menaça même de faire dissoudre par les baïonnettes toute réunion qui aurait lieu sans son autorisation,

On aurait dû prévoir ce résultat; le maire qui, dans
une séance du Conseil municipal, avait laissé prononcer par M. Aube, le marchand de fer, ces paroles
cyniques : « Nous violons la loi parce que nous
sommes les plus forts! » ne pouvait répondre autrement à des républicains qui manifestaient l'intention
d'agir contre celui qui venait de violer la Constitution.

Les délégués retournèrent au bureau du *Démocrate
du Var*, pour y rendre compte de leur mission. Il fut
décidé alors qu'on se réunirait le soir en masse, à
huit heures, sur le Champ de Bataille. Ce rassemblement, qui devait être sans armes, avait pour but
d'agiter la population et de sonder les dispositions des
troupes.

Charles Z... et Berthier furent des premiers au
rendez-vous. Quelques centaines de républicains
seulement répondirent à l'appel; et ils erraient çà et
là comme des navires sans boussole et sans capitaine,
lorsque la force armée arriva, précédée du commissaire central et d'une bande d'agents de police et de
mouchards.

Pleins de confiance dans les sentiments démocratiques des soldats, ces républicains se pressèrent
autour de ces derniers en les saluant des cris de :
« Vive la Constitution! Vive la ligne! » mais les
hommes-baïonnettes restèrent mornes et silencieux.
En vain, Berthier et Charles Z..., d'abord, puis
Ledroit, Leguay, Sauvan, Fouque et autres démocrates influents cherchèrent-ils par des paroles

chaleureuses à ranimer en eux le sentiment du devoir et de la fraternité; rien ne put les décider à faire cause commune avec le peuple. On dit que, comme à Paris, les affidés de Louis-Napoléon avaient prévu les conséquences de ces tentatives constitutionnelles et s'étaient rendus maîtres de la raison des soldats en les grisant dans leurs casernes.

Le commissaire central engageait timidement le peuple à se retirer. On sentait qu'il n'était pas tout à fait rassuré sur les suites de l'attentat présidentiel :

— Allons, messieurs, allons, disait-il sur le ton de la prière, rentrez chez vous. Ne vous mettez pas dans le cas d'être « tourmentés ».

Et comme il venait d'ajouter :

— Paris s'est soumis. Toute résistance est donc inutile :

Charles Z... s'écria en relevant fièrement la tête :

— Si Paris s'est soumis, monsieur, nous ne nous soumettrons pas, nous !

— Bravo! Vive la Constitution! s'écria la foule en se rapprochant des soldats.

En ce moment, le commissaire central enhardi par le silence des troupes et par les allures inoffensives du rassemblement, donna l'ordre à la force armée de disperser la manifestation. La foule résista un moment à la pression des soldats et des gendarmes; mais comme elle n'avait rien pour se défendre, à ce cri sinistre : « Apprêtez vos armes! » elle se dispersa dans toutes les directions.

Il est à remarquer que pendant cette manifestation, où il y avait des dangers à courir, puisque les gendarmes avaient le sabre au poing et que les fusils étaient chargés, on ne rencontra aucun de ces braillards qui depuis le 24 février, étaient considérés par certain groupe d'ouvriers comme les plus fermes champions de la démocratie toulonnaise. Berthier n'était qu'un modéré pour ces tranche-montagnes, et leurs premières balles devaient être pour Charles Z..., à qui ils reprochaient d'avoir dissous la Société secrète d'Hyères et de n'avoir pas approuvé le projet d'organisation du complot de Lyon.

Selon nous, Charles Z... avait eu raison d'agir ainsi. Il avait été chargé, il est vrai, par des républicains de Toulon, de se rendre à Marseille, avec Augustin Daumas, ouvrier des ports, aujourd'hui député du Var, pour s'initier aux pratiques de la Société *La Jeune Montagne* et pour y affilier ensuite la ville et les villages environnants. Ces Sociétés secrètes avaient pour but d'organiser un mouvement, même à main armée, contre la violation pressentie de la Constitution. L'idée avait paru excellente et chaque commune voulut avoir sa Société. Mais Charles Z... ne tarda pas à reconnaître que la police avait des agents dans la *Jeune Montagne* et que les Sociétés secrètes n'étaient le plus souvent que des traquenards propres à compromettre les meilleurs républicains. Aussi, en apprenant l'arrestation d'un certain nombre d'affiliés des Sociétés de Toulon, s'empressa-t-il, de concert avec Berthier et autres ardents démocrates, de procéder à la dissolution de la Société d'Hyères; et ils firent bien, car, sans cela, Berthier, Charles Z... et plusieurs autres démocrates influents auraient certainement fini par être incarcérés.

Pour ce qui concerne le complot de Lyon, il n'y a également qu'une chose à dire : c'est qu'il n'eut pour résultat que de compromettre de vaillants républicains, entre autres Thourel, Gent et Longomazino, trinité d'orateurs populaires, qui par leur énergie et par leur audace, eussent peut-être changé la face des choses en soulevant tout le midi de la France contre le parjure du 2 Décembre.

Oh! les braillards! qui nous en délivrera?

« Je pourrais, si je consultais ma conscience, » écrivait Georges Sand à Mazzini, en 1853, je pourrais » affirmer même que ceux qui juraient le plus haut, » ont été les plus prudents; que ceux qui criaient : » Ayez des armes et faites de la poudre, n'avaient nulle » résolution de s'en servir; enfin que, là comme » partout, aujourd'hui comme toujours, les braillards » sont des lâches! »

Le lendemain de la manifestation du Champ de Bataille et les jours suivants, soixante et onze républicains furent arrêtés. Parmi eux, se trouvaient Fouque, fabricant de chocolat; Leguay, tailleur d'habits; Sauvan, ébéniste; Ledroit, cordonnier, et Ledeau, ancien officier de marine, rédacteur du *Démocrate du Var*. Ce charmant écrivain, ce républicain ferme et désintéressé, fut déporté en Algérie, où il mourut dans le courant de l'hiver de 1854. Possesseur d'une modeste fortune, il avait été un des rares citoyens qui, lors de l'expédition romaine, protestèrent par le refus de l'impôt, contre cette première violation de la Constitution.

Les quatre premiers républicains que nous venons de nommer avaient énergiquement poussé à l'insurrection; ils pouvaient inspirer des craintes et il était logique que les complices de Verhuell-Bonaparte s'assurassent de leurs personnes; mais ce ne fut pas sans étonnement que les réactionnaires même apprirent l'arrestation de ce pauvre Ledeau, qui n'était pas sorti de sa nonchalance habituelle et qui n'avait su que répondre: « Attendons! » aux nombreux démocrates qui lui demandaient son avis.

Ledeau fut victime de la haine du clérical Roques, procureur de la République, qu'il avait à diverses reprises fustigé dans ses écrits, ou de celle de quelque parasite du budget municipal, budget-dédale dont, en sa qualité de rapporteur de la commission des finances, il avait savamment parcouru les détours.

Certain qu'il n'y avait plus rien à espérer des républicains de Toulon qui, divisés par les Sociétés secrètes et par de sottes rivalités de personnes, avaient épuisé leur énergie en de vains débats, Berthier était reparti pour Hyères, où la démocratie attendait avec impatience le signal de l'insurrection.

À peine arrivé (le 5 décembre, vers 10 heures du

matin), Berthier se rend à la Mairie, accompagné de
trois cent cinquante républicains sans armes, pour
demander un local plus spacieux que la grand' salle
du Café d'Orient, où les républicains étaient rassemblés, et pour demander, en même temps, communi-
cation des dépêches de Paris.

Pour éviter le tumulte, il se présente avec une
vingtaine de citoyens seulement dans la salle des
délibérations. Il y trouve MM. de Beauregard, maire;
Aimé Rey, premier adjoint; Curel, adjoint, frère de
l'ex-directeur des Écoles communales de Toulon,
récemment destitué par la réaction, et le juge de paix
Bonnefoy, un libérâtre bilieux qui, quelques jours
auparavant, n'avait pas craint de dire à haute voix en
présence de plusieurs personnes, parmi lesquelles
Charles Z... :

— Si j'avais le pouvoir, je serais « cruel » pour les
démocrates!

Le Maire, après avoir entendu Berthier, lui répondit
en louvoyant, comme cela était assez dans ses
habitudes, que les évènements du 2 Décembre le
froissaient également dans ses opinions politiques,
puisque M. Berryer et autres députés légitimistes
étaient en prison, mais qu'il ne pouvait, sans en avoir
référé à l'autorité supérieure, — c'est-à-dire à M. de
Lisa, sous-préfet bonapartiste, — livrer un local
dépendant des bâtiments communaux; que, du
reste, on pouvait se réunir ailleurs, et que loin d'être
hostile aux défenseurs de la loi, il les mettrait au

courant de toutes les dépêches qui lui seraient expédiées.

Ces paroles décelaient, comme on le voit, d'une part la confiance que la municipalité avait dans la réussite du Coup d'Etat, et conséquemment la volonté de ne pas se compromettre aux yeux des agents du gouvernement; de l'autre, la crainte d'irriter des citoyens qui paraissaient être prêts à une énergique résistance.

Au lieu de répliquer en maîtres à ces monarchistes sans courage, ou plutôt de les chasser sur le champ de la Mairie, les délégués se trouvèrent satisfaits du résultat de leur mission et retournèrent au milieu de leurs mandants, qui accueillirent le compte-rendu de leur mission aux cris de : Vive la République ! Vive la Constitution !

Resté à Toulon pour avoir de première main les nouvelles de Paris et des départements, Charles Z... en était subitement reparti en apprenant que les communes du Luc, de la Garde-Freinet et de Vidauban étaient en pleine insurrection.

Insurger Hyères, s'emparer de la Mairie, désarmer la réaction et marcher ensuite sur le Luc, avec trois à quatre cents hommes bien armés et pourvus de munitions, en passant par Pierrefeu et Collobrières, qui n'attendaient que le signal du soulèvement, tel était le plan que Charles Z... était bien résolu de mettre à exécution.

Mais le mouvement irréfléchi du matin et les

nouvelles toujours plus mauvaises de Paris, ayant énervé le courage de la plupart des cultivateurs, il ne tarda pas à comprendre, dès son arrivée à Hyères, qu'il n'y avait plus rien à espérer de ses concitoyens démocrates.

La « Commission de Surveillance », dont Berthier avait été nommé président, continuait à siéger, mais sans s'arrêter à aucune résolution, lorsqu'une scène aussi folle que ridicule qui se passait devant le bureau de la poste aux lettres et dont la Commission fut immédiatement prévenue, vint rallumer le patriotisme des républicains.

M. Denis, carbonaro sous Charles X, député guizotin sous Louis-Philippe, lamartinien sous le gouvernement provisoire, alors colonel d'une garde nationale évanouie — qu'on nous passe cette expression, — depuis plus de deux ans, M. Denis, revêtu de son uniforme, faisait arracher par un appariteur et sous les yeux de M. Delaporte, commissaire de police, un des placards qui avaient été apposés sur les murs de la ville par les soins de la Commission de Surveillance. et qui portaient les articles 68 et 110 de la Constitution.

Dans la pensée sans doute que M. Denis allait traiter de la même manière les autres placards constitutionnels et qu'une rixe sanglante pouvait être la conséquence de ces ridicules fanfaronnades, la femme d'un ouvrier, effrayée pour son mari, court au Café d'Orient, entre dans la salle de la Commission,

entourée en ce moment d'une centaine de démocrates,
et raconte brièvement à son mari le fait tragi-comique
dont elle vient d'être le témoin. Soudain un mouvement d'indignation parcourt les rangs de la réunion;
les cris de : « Vengeons la Constitution! A la Mairie!
A la Mairie! » sortent spontanément de toutes les
poitrines et, sans se donner le temps de prévenir les
citoyens qui sont répandus au-dehors et dans les
autres salles du café, on marche sur l'Hôtel-de-Ville
au cri de : « Vive la République! » et au chant de la
Marseillaise.

Il y avait dans la salle du conseil: MM. Rey,
premier adjoint; Bonnefoy, juge de paix, et Menant,
marguillier, ancien capitaine des chasseurs d'Afrique.
Le colonel de la garde nationale et le commissaire de
police, qui n'avaient pas jugé utile de continuer leur
campagne contre les affiches constitutionnelles,
étaient aussi présents.

Quant à M. de Beauregard, il était allé demander
des secours à la Sous-Préfecture de Toulon.

— Messieurs, dit Berthier, avec un ton impérieux,
Louis-Napoléon a violé la Constitution; par ce seul
fait, le peuple est rentré dans l'exercice de ses droits
révolutionnaires. Au nom du peuple donc, je vous
somme de vous retirer !

Encouragés par les dépêches toujours rassurantes
du gouvernement et surtout par la pensée que sur la
demande de M. de Beauregard des troupes avaient dû
être expédiées de Toulon, les décembristes refusèrent

d'obéir aux injonctions réitérées de Berthier et de Charles Z...

Une vive discussion s'éleva alors entre ces derniers et quelques-uns de ces monarchistes récalcitrants. M. Rey ne cessait de protester de son dévouement aux classes ouvrières, de ses sentiments républicains et de son profond respect pour les lois; mais il n'en fut pas ainsi de M. Denis, qui eut au moins le courage de son opinion, en approuvant le Coup d'Etat et en soutenant *mordicus* à Charles Z... que le conspirateur de Strasbourg et de Boulogne n'avait violé son serment que pour sauver la France de la « guerre civile ! »

Cependant, comme à chaque instant les républicains pouvaient être attaqués par leurs ennemis, qui avaient à leur disposition, non seulement une quantité considérable d'armes et de munitions de chasse, mais encore les fusils de la garde nationale, un baril de cartouches et les poudres du gouvernement, il était temps d'en finir avec ces discussions intempestives: sommés encore une fois de se retirer, ces messieurs répondirent par un nouveau refus; alors une voix, sortie du sein de la foule, s'écria:

— Eh bien! puisqu'ils ne veulent pas se retirer, en prison !

— En prison ! En prison ! répéta la foule en se précipitant vers ces complices effrontés du Coup d'Etat.

Et tout aussitôt, on s'empare du premier adjoint,

puis du colonel de la garde nationale, du juge de paix, du secrétaire général de la mairie et on les transporte, — plutôt qu'on ne les entraîne, dans une salle du second étage, au milieu des huées d'une multitude de citoyens justement irrités.

On a prétendu que pendant le tumulte, MM. Rey et Denis avaient été maltraités par ceux qui les avaient emprisonnés. C'est une calomnie. Le premier eut seulement son écharpe déchirée. Quant au second, on lui arracha une épaulette et on voulait aussi lui ôter sa croix et son épée; mais Charles Z... et Berthier, dont les pères étaient légionnaires, eurent naturellement pitié de la gloriole effrayée d'un ancien militaire, et sur une simple observation de leur part, on laissa à M. Denis, sa croix d'honneur, son ordre du Nicham et son innocente épée de colonel de la garde nationale.

La première pensée des républicains, après ce déblai municipal, fut d'adoucir autant que possible la situation des prisonniers. Le sergent de ville Honnorat reçut l'ordre de leur continuer ses services; sur la demande de quelques-uns d'entre eux, on alla rassurer leurs familles; des amis purent les visiter et, pendant la courte durée de cette souveraineté populaire, Charles Z... se rendit plusieurs fois au milieu d'eux, ainsi que d'autres chefs républicains, pour les tranquilliser et pour recevoir leurs réclamations.

En tenant compte des persécutions auxquelles Charles Z... avait été en butte de la part de la réaction, persécutions dont les monarchistes d'Hyères avaient été les instigateurs, sinon les auteurs, on se demande s'ils auraient agi de même envers lui si les rôles avaient été intervertis? Il est permis de croire le contraire, et nous en donnons pour raison la violence de leurs actes ultérieurs, les ordres impitoyables qu'ils donnèrent à leurs agents et l'assassinat du malheureux Alexandre Besson, dont la personnalité était certainement bien moins gênante que celle du collaborateur du *Démocrate du Var*.

Lorsqu'ils eurent rempli ce devoir d'humanité, Charles Z... et Berthier s'occupèrent de l'organisation du mouvement. Inviter les citoyens présents à se procurer des armes, se faire apporter les carabines déposées dans la mairie, distribuer de la poudre et des balles, placer des sentinelles aux abords de l'Hôtel-de-Ville, rédiger une proclamation aux habitants pour les rassurer sur les intentions des insurgés, toutes ces choses se firent sans hésitation et sans perdre une minute : la fièvre du patriotisme était revenue!

Mais la plupart des cultivateurs, découragés de nouveau par la nouvelle du désarroi des républicains de Marseille, ne s'empressèrent pas de retourner à la mairie; et les chefs du mouvement y étaient à peu près seuls, lorsqu'on entendit les clairons d'un détachement de marine, dont le conseiller municipal Barneoud avait été solliciter le secours à bord de la frégate l'*Uranie*, alors en station dans les parages d'Hyères.

6

Toute résistance étant devenue inutile, — Berthier et Charles Z... descendirent de la mairie et se présentèrent devant la compagnie de débarquement au cri de : « Vive la Constitution ! »

Le lieutenant de vaisseau qui commandait le détachement, les ayant sommés de se taire et de se retirer, ils cherchèrent à le ramener au sentiment du devoir en lui parlant de la République menacée, du renversement de la Constitution, des représentants du peuple arrêtés, enfin de l'obligation imposée aux soldats, comme aux citoyens, par l'article 68 de la loi fondamentale; mais ce fut peine inutile : ce serviteur salarié de la République, avec l'impatience du fanatique qui ne veut pas entendre la vérité, répondit carrément « que ces choses ne le regardaient pas ! »

A ces mots, dont rien ne pouvait excuser le cynisme, les deux patriotes comprirent qu'ils n'avaient plus qu'à rentrer chez eux; et c'est ce qu'ils firent, non sans avoir essayé de remuer la fibre populaire des marins par des paroles qui parurent faire impression sur leur esprit, mais qui néanmoins restèrent sans écho.

Vers la tombée de la nuit, les troupes que, de son côté, M. de Beauregard avait été chercher à Toulon, arrivaient à Hyères, ayant à leur queue M. Roques, procureur de la République. Charles Z..., qui était en ce moment chez lui, fut prévenu par Castel et Andrieux, membres de la Commission de surveillance, que M. Roques venait de lancer des mandats d'amener contre les chefs du parti républicain.

Comme il n'y avait aucune utilité pour la cause démocratique à se laisser emprisonner de nouveau, Charles Z... se décida à suivre ses deux amis, qui se disposaient à s'éloigner d'Hyères. Ils partirent tous les trois et se réfugièrent à Toulon, puis à Marseille, où ils s'embarquèrent pour Nice, après avoir été poursuivis de gîte en gîte par les limiers de la police césarienne.

Berthier, qui devait les rejoindre à Toulon, pendant la nuit, fut arrêté le soir même, dans son établissement, par les marins de l'*Uranie*, à la tête desquels se faisait remarquer M. Denis, portant encore à côté de sa croix d'honneur, l'ordre célèbre du Nicham. Le loyal démocrate s'était malheureusement reposé sur la promesse de l'officier de marine, qui lui avait dit :

— Tant que je commanderai ici, je vous donne ma parole d'honneur qu'il n'y aura aucune arrestation.

En apprenant l'arrivée des troupes, les aboyeurs de la réaction qui, jusque-là, s'étaient prudemment tenus à l'écart, sortirent courageusement de leurs retraites. Ils s'offrirent à la municipalité pour la seconder dans ses représailles contre les républicains. A partir de ce moment, la terreur fut mise à l'ordre du jour. On porte à plus de soixante le nombre de citoyens qui furent arrêtés et conduits au fort Lamalgue, presque tous les menottes aux mains, attachés les uns aux autres, sous la surveillance de bourgeois armés, qui se firent ainsi les gendarmes de leurs propres concitoyens.

Parmi ces honnêtes criminels, se trouvait le citoyen Guibaud, ménager, dont la santé exigeait les plus grands soins. Il se plaignit; on ne l'écouta pas; et, quelque temps après, bien qu'il fût atteint d'une fluxion de poitrine, on ordonna sa transportation en Afrique, où il mourut, en arrivant au camp de Birkadem.

Les arrestations à domicile, épouvante des mères et des épouses, surtout lorsqu'elles ont lieu pendant la nuit, se firent pour les paysans surtout, avec une brutalité qui tenait de la sauvagerie. Les sbires de la réaction étaient si pressés « d'empoigner » les défenseurs de la Loi, qu'ils crochetèrent des portes, en enfoncèrent à coups de crosse de fusil et ne laissèrent pas même à des femmes qui se disposaient à se mettre au lit, le temps de couvrir leurs nudités.

Le principe de la propriété ne fut pas plus respecté que le foyer domestique et que la liberté des citoyens. La séquestration du « Café d'Orient », héritage des enfants de Berthier et seule ressource de ce vaillant patriote, fut impitoyablement ordonnée; son frère aîné et sa vieille mère, veuve d'un officier supérieur de l'Empire, réclamèrent en vain la levée du séquestre, au nom de la loi, au nom du droit, au nom surtout de trois pauvres petits enfants sans mère! Les décembristes furent sourds à ces supplications. Enfin, après huit mois de chômage, Berthier, qui avait été mis en liberté par Quentin-Beauchart, fut autorisé à rouvrir son établissement, mais à la condition expresse, condition bien digne des complices de l'homme de Décembre, qu'à ce nom si peu caractéristique de « Café d'Orient » serait substitué celui de « Café Napoléon ! »

Berthier ne tint aucun compte de cette odieuse exigence. C'était déjà bien assez pour lui d'avoir été obligé, pour sortir de prison, de signer la promesse de rester fidèle à celui qui venait de trahir un serment prêté *en présence de Dieu et du Peuple Français*.

Le second fait est peut-être sans exemple dans les annales du département. Le citoyen Bonnifay exerçait la profession de boulanger dans sa campagne, située au quartier de Sauve-Bonne. Poursuivi sans trop savoir pourquoi, il prend la fuite, laissant à sa femme la direction de son industrie. Peu après son départ, sa demeure est tout à coup envahie par une bande de gendarmes, de soldats, de mouchards, qui jettent l'épouvante dans sa nombreuse famille, fouillent la maison dans tous les sens et ne se retirent qu'après avoir bouleversé tous les meubles. Pendant plusieurs jours, la femme de Bonnifay est en butte aux tracasseries de ces forcenés. Un soir, on se présente de nouveau chez elle avec un appareil si menaçant qu'elle perd connaissance et tombe à la renverse. Enfin elle reprend ses sens et le commissaire lui apprend que la séquestration de son établissement a été ordonnée par l'autorité supérieure.

— Fermer la boulangerie ! s'écria la pauvre femme.
Fermer la boulangerie ! Et comment vivrons-nous
donc après cela, mon mari, moi et nos six enfants?

— Votre établissement n'est pas une boulangerie,
mais un cabaret où se réunissent tous les pillards de
la vallée.

— Il est vrai, monsieur le commissaire, que le
dimanche nous donnons à boire à des cultivateurs du
quartier, qui sont loin d'être ce que vous dites ; mais
si cela ne nous est pas permis, qu'on nous le défende;
nous obéirons; mais qu'on ne nous empêche pas de
vendre du pain.

— Taisez-vous, madame. Vous adresserez vos
plaintes à qui de droit. En attendant, je vous somme
de fermer immédiatement votre magasin et de vous
préparer à vider les lieux vous et vos enfants, dans le
délai de deux jours. Je suis chargé d'avance par la
municipalité d'en venir prendre les clefs.

La dame Bonnifay eut beau prier, supplier, pleurer,
rien ne put attendrir les agents des Saint-Arnaud et
des Maupas; la maison et ses dépendances restèrent
quatorze mois sous le séquestre, et cet état de choses
aurait sans doute duré plusieurs années encore
sans les démarches incessantes de la dame Bonnifay
auprès des autorités supérieures, et sans les réclamations énergiques que le mari adressa de l'exil au
principal auteur de cette mesure inquisitoriale.

Mais toutes ces persécutions, toutes ces infamies ne
pouvaient suffire à la haine implacable de la réaction

hyéroise. En 1815, il y avait bien eu, çà et là, dans la
commune, un certain nombre de méfaits, tels que
menaces à des acquéreurs de bien nationaux, arrestations de patriotes, coups de sabre, bastides
incendiées; mais grâce à la protection énergique de
M. *le lieutenant* Dellor, maire plein d'humanité et de
libéralisme, on n'avait eu à déplorer aucun meurtre
politique. Il n'en fut malheureusement pas de même
en décembre 1851. Sous l'administration de M. le
comte de David de Beauregard, les monarchistes
purent donner libre cours à leurs fureurs et désaltérer
leur haine dans le sang d'un démocrate.

Avant de raconter ce lugubre épisode, disons ce
que devinrent Berthier et Charles Z... Berthier,
atteint d'une maladie de poitrine, mourut à Hyères,
en 1854, aimé et respecté de la généralité de ses
concitoyens. Charles Z... rentra en France, à la
faveur d'une amnistie, vers la fin de 1856. Il vit
encore et il est de ceux qui, même sous l'empire,
n'ont jamais craint de manifester, soit par la parole,
soit par la plume, leurs opinions républicaines.

ASSASSINAT D'ALEXANDRE BESSON

Voici dans quelles circonstances ce malheureux citoyen tomba victime de son dévoûment à la Constitution et aux libertés publiques.

Poursuivi à cause de sa participation courageuse au mouvement insurrectionnel d'Hyères, Alexandre Besson, coiffeur de son état et, à ses moments perdus, ornithologiste, avait été se réfugier dans une vieille métairie dite la *Tourre doou Jaï* (la tour de la Bergerie), située dans les marais du *Ceinturon*, non loin des *Pesquiers* ou des Pêcheries.

Il était là depuis une semaine environ, chassant la nuit, dormant le jour, espérant encore une bonne nouvelle de Paris ou des départements, lorsque les réactionnaires résolurent de se débarrasser de lui par tous les moyens, même par la fusillade.

Toutefois, ce ne fut pas sans hésitation. Quelques jours auparavant, un premier conciliabule avait eu lieu à la Mairie et le plus grand nombre avaient reculé devant la responsabilité du meurtre qu'on préméditait. Le garde champêtre Allouard, qui avait

été présent à cette réunion, informa le même jour le
citoyen Roux, beau-père de Besson, des propos
sinistres qu'on avait tenus contre ce dernier ; un de
ceux qui voulaient sauver Besson, aurait dit :

— Prenez garde ; c'est un homme énergique, un
chasseur adroit : il est capable de tirer sur quiconque
cherchera à s'emparer de lui !

— C'est vrai, auraient répondu plusieurs conseillers
municipaux ; mais *on ne lui en laissera pas le temps.*

Redoutant un malheur, Allouard conseilla à Roux
de se rendre auprès de son gendre pour l'engager à
se constituer prisonnier ; mais Roux n'avertit point
Besson : il avait des doutes sur la manière dont le
garde champêtre exerçait ses fonctions et il consi-
déra comme un piège ce qui n'était en réalité qu'un
avertissement officieux. Le pauvre vieillard fut
bientôt désabusé ; mais il n'était malheureusement
plus temps.

Le 11 décembre, six jours après le mouvement et
sans que rien ne justifiât une mesure aussi odieuse,
M. de Beauregard donna l'ordre au détachement de
l'*Uranie* de se rendre dans les marais et d'y saisir
Besson.

Le lendemain, dans la matinée, les marins, guidés
par MM. Denis et Barneoud aîné, se mirent en route
pour le Ceinturon. Ce départ produisit une émotion
visible parmi les honnêtes gens de tous les partis :
on connaissait la décision des décembristes :

— *Maï que pounchege, soun comte es regla,* avaient

dit quelques-uns d'entre eux. (Pour peu qu'il se montre, son compte est réglé.)

Les enfants mêmes connaissaient leur sinistre dessein. Ils se criaient les uns aux autres, sur le passage des matelots :

— *Van tuar moussu Béssoun! Van tuar moussu Béssoun!* (On va tuer monsieur Besson !)

Arrivé aux *Pêcheries,* le détachement se divisa en deux colonnes. La première, commandée par le lieutenant de vaisseau qui s'était si bien conduit devant l'Hôtel-de-Ville, prit avec M. Denis la route de *Gien.* Elle devait observer la plage pour arrêter Besson s'il avait cherché à se sauver de ce côté. L'autre colonne, sous les ordres de M. Barneoud aîné, se dirigea sur la *Tour du Jaï.* Comme on le voit, Besson avait été victime d'une noire trahison.

Le malheureux ignorait tout ce qui s'était tramé contre lui. Quelques instants avant l'arrivée des marins, vers les huit heures, après avoir déjeuné avec le nommé Buscaglio, dit *Chichin,* génois d'origine, cureur de puits et braconnier, il pria celui-ci de se mettre à la recherche de deux canards qu'il avait tués pendant la nuit; puis il sortit et alla se coucher sur un tas de paille dans le hangar attenant à la Tour.

Buscaglio sortit après lui, ferma la porte, derrière laquelle, ainsi qu'il le déclara plus tard, Besson avait laissé son carnier et *son fusil,* mit la clef dans sa poche et se dirigea vers l'endroit que lui avait indiqué son compagnon de chasse,

Pendant qu'il cherchait les canards, il aperçut tout à coup les marins qui s'avançaient du côté de la Tour. Il voulut aussitôt y retourner pour avertir Besson; mais comme il n'avait pas de permis de chasse et qu'il pouvait être pris lui-même, il se sauva à toutes jambes. Peu d'instants après, il entendit un bruit de fusillade... c'était le pauvre Besson qu'on assassinait! C'était le républicain dévoué qui, ayant préféré risquer sa vie en cherchant à fuir plutôt que de se rendre aux complices du Coup d'État, tombait sur la toiture du hangar, lâchement frappé de cinq balles en pleine poitrine!

La Tour et le hangar avaient été cernés, et pendant que les matelots fouillaient la paille à coups de baïonnettes, Besson, qui les avait entendu venir, avait soulevé les tuiles de la toiture pour se livrer un passage; et c'est au moment où il sortait de cette ouverture, que les marins restés dehors, avaient, au commandement de *feu!* foudroyé ce vaillant soldat de la République!

Immédiatement après ce beau fait d'armes, un marin monta sur le hangar et poussa du pied le cadavre, jusque sur le bord du toit, d'où il tomba lourdement sur le sol, qui se couvrit bientôt d'une mare de sang. Il fut déposé ensuite dans le hangar, et c'est là qu'on vint le prendre, le soir, pour le transporter sur une charrette, au cimetière de la ville.

Le lieutenant de vaisseau, qui n'avait pas assisté à l'exécution, disait le soir même à quelqu'un :

— Triste expédition, monsieur! *Il a fallu le tuer pour le prendre!*

Effrayés des sentiments d'horreur que manifestaient les concitoyens de Besson, en apprenant la nouvelle de sa mort, les décembristes alléguèrent que Besson, ayant mis son fusil èn joue, avait cherché à atteindre un des matelots et que ceux-ci s'étaient dès lors trouvés dans le cas de légitime défense.

Mais, dès le lendemain, ce mensonge — que dictait la peur de la vindicte publique, était généralement repoussé: — Les propos sinistres de certains monarchistes avant le départ du détachement; le témoignage de Buscaglio, qui avait fermé à clef la porte de la Tour, porte derrière laquelle il avait vu le *fusil* de Besson; enfin, ce serrurier que la police emmena, le soir même, sur les lieux de l'exécution, dans le but évident de faire ouvrir la porte de la Tour pour y prendre le fusil, dont on voulait faire, au besoin, une pièce de conviction, tout cela avait suffisamment prouvé aux moins clairvoyants qu'un crime avait été commis sur la personne de Besson.

Et ce qui donne encore plus de valeur au récit que Buscaglio fit le même jour au beau-père de la victime et à une foule d'autres personnes, c'est le silence complet qui lui fut imposé avec menaces par le commissaire de police, silence que la municipalité acheta ensuite au moyen de certains travaux à exécuter dans la commune.

Il y a plus : un ami de Louis-Napoléon, le colonel
en retraite Voûtier, qui pendant l'insurrection s'était
rendu à la Mairie pour calmer les uns et les autres,
fut tellement indigné de la conduite des réactionnaires, à propos du guet-apens de la Tour du Jaï, que
dans une lettre qu'il adressa au Président, il lui disait
en parlant de ces derniers : *Ces messieurs ont été
imprévoyants avant, lâches pendant, cruels après.*

Besson laissait sans ressources une mère octogénaire, sa femme et une jolie petite fille de trois ans.
Mais la malheureuse veuve ne songea pas tout
d'abord à la misère, qui allait devenir sa compagne.
La mémoire de son mari devint sa seule préoccupation. Elle demanda une enquête, et la supplique, que
le colonel Voûtier porta à Paris, commençait par ces
mots : *Prince, mon mari a été lâchement assassiné !*

Tout le monde dans Hyères connaissait ces démarches, mais aucun décembriste n'osa protester
hautement contre une accusation aussi formelle ; et
l'auteur du guet-apens de Paris se garda bien de
donner une suite quelconque à la demande de la
veuve Besson.

Voici un autre fait qui nous paraît plus convaincant
encore que le silence des auteurs de la fusillade.

« Le soir même de cette exécution, dit Noël
Blache, un homme dont je pourrais au besoin invoquer le témoignage, causait avec trois quartiers
maîtres du détachement de l'*Uranie.* Ces hommes
étaient tout frissonnants du résultat de leur lugubre

besogne. « Nous connaissons, dirent-ils, celui qui le premier a commandé le feu; mais qu'on nous crache au visage si jamais on nous voit lui serrer la main! »

D'ailleurs, en supposant vrai le fait allégué par les décembristes, ceux-ci n'en seraient pas moins des assassins aux yeux d'une justice impartiale. En se levant contre la plus odieuse trahison qui fût jamais, Besson, nous ne cesserons de le répéter, accomplissait un devoir patriotique. Il était un soldat de la Loi, eux étaient des traîtres; et lorsqu'ils cherchaient à s'emparer de Besson pour le garrotter, ce n'était pas eux, c'était lui qui se trouvait dans le cas de légitime défense. Qui donc oserait dire le contraire?

La fin tragique de Besson causa dans la ville une impression mêlée de stupeur et de honte. La consternation était partout. Les amis du défunt sanglotaient. Qui pourra jamais peindre le désespoir de sa veuve et de sa vieille mère? Nous, qui avions été son compagnon de lutte, nous eûmes le cœur brisé par la nouvelle de sa mort. C'est que Besson n'était pas seulement un bon patriote: c'était encore un caractère loyal et un cœur excellent. Sa conduite comme fils, comme mari et comme père aurait pu servir d'exemple à la plupart de ceux qui se disent les amis de la famille et de la religion.

Si notre mémoire nous sert, c'était un homme de quarante ans environ, aux cheveux noirs et au visage bronzé. Sa taille était au-dessus de la moyenne; son tempérament était de fer. Au demeurant, un vrai provençal quant à la physionomie.

Jusqu'au 24 février, Besson avait été légitimiste; mais une lecture assidue des journaux républicains n'avait pas tardé comme à tant d'autres hommes du peuple, de lui dessiller les yeux, et il était devenu, en peu de temps, un des propagandistes dévoués de l'opinion démocratique.

La réaction fut bientôt récompensée de ses hauts faits en la personne de ses deux principaux chefs. Lorsque le *Prince-Président* vint à Toulon, MM. Denis et de Beauregard s'empressèrent d'aller lui souhaiter la bienvenue. M. Denis reçut de ses mains la croix d'officier de la Légion-d'Honneur, M. de Beauregard, celle de chevalier.

M. Denis, légionnaire du premier empire, avait lutté jusqu'en 1830 pour la cause napoléonienne: il pouvait donc recevoir sans rougir la récompense de ses récents exploits.

Mais que dire de M. de Beauregard, de ce vieux serviteur du trône et de l'autel, qui après s'être déclaré pour la République, ce qui l'eût honoré s'il eût été sincère, n'avait pas craint d'aller se faire décorer par le neveu de l'assassin du duc d'Enghien !

Aussi l'indignation fut-elle vive dans le clan des *purs*. Le fougueux M. de Boutiny devint pourpre de colère et manifesta l'intention de souffleter son ancien chef de file.

Il est vrai que le dévouement au principe du droit

divin n'était pas la cause réelle de cette chevaleresque indignation, car, le 15 août 1863, le même M. de
Boutiny qui, en 1859, avait remplacé M. de Beauregard comme maire, devait être à son tour,

« Décoré du ruban de la Légion-d'honneur ! »

On dit que peu de jours après, le nouveau légionnaire tenait en ses mains les vers suivants, qui lui
avaient été adressés de Paris, en guise de félicitation :

Transfuge sans pudeur du royal diadème !
Quand, voyant son ruban, dans ta fureur extrême,
Tu voulus souffleter David de Beauregard,
Dieu vit la jalousie au fond de ton regard
Et te fit réserver ce soufflet pour toi-même !

LES PRISONNIERS DE GONFARON

Nous avons raconté la manière dont les chefs de l'insurrection se conduisaient envers les otages. Etait-il possible d'avoir pour des prisonniers plus d'égard et de mansuétude?

Voyons maintenant comment les amis de la famille et de la religion traitaient les républicains qui avaient le malheur de tomber dans leurs mains.

D'abord, voici un témoignage dont nous avons noté tous les détails avec l'exactitude d'un juge d'instruction consciencieux. C'est celui du citoyen Revertégat, propriétaire à Gonfaron, un homme intelligent et modeste auquel nous avons eu maintes fois l'occasion de serrer la main sur la terre d'exil.

« Le 15 décembre, avant le jour, nous dit-il, je fus violemment arraché de mon lit et jeté ensuite en prison, pour être dirigé, quelques heures après, sur les casemates de Toulon, avec une vingtaine de mes concitoyens.

» On nous mit en route, les mains attachées derrière le dos, au milieu de gendarmes et de soldats,

qui venaient de charger les armes en notre présence
et qui avaient ordre de tirer sur nous à la moindre
tentative d'évasion.

» Ces odieux procédés ne furent pas les seuls dont
on usa envers nous; tout le long du chemin, nous
fûmes aussi durement traités qu'une chaîne de
criminels conduits au bagne par des argousins.

» A la première halte, entre Gonfaron et Pignans,
je demandai, avec plusieurs autres prisonniers, à
m'écarter un peu de la route pour satisfaire à des
besoins impérieux. On me délia les mains, on me
laissa sortir des rangs; mais pendant tout le temps
de ma station, je fus tenu en joue, par un factionnaire, placé à quelques pas de distance seulement et
paraissant désirer un mouvement qui lui permît de
lâcher son coup.

» En arrivant à Pignans, on s'empressa de procéder
à de nouvelles arrestations, après nous avoir parqués
dans une cour glaciale dépendant de la caserne de
gendarmerie. Là, nous eûmes à endurer les insultes
d'un gendarme de Toulon, que le vin capiteux des
châteaux et des presbytères avait probablement mis
en fureur. Les insultes de ce prétorien partaient de
trop bas pour nous atteindre; mais ce ne fut pourtant
pas sans une certaine émotion que nous entendîmes
prononcer l'épithète de fainéants. Il était dur, en
effet, pour des hommes qui avaient consacré leur vie
entière au travail, d'être injuriés de la sorte par un
gendarme du ministre d'Hautpoul!

» Ils étaient laborieux, il est vrai, les gendarmes
du Coup d'État : durant le trajet de Pignans à Cuers,
j'en entendis deux qui se racontaient leurs labeurs et
leurs fatigues de la décembrisade d'Aups : — Je
n'avais plus la force de sabrer les fuyards, disait un
de ces généreux braves, et mon sabre ne voulait plus
couper ! (1).

» Vers les quatre heures du soir, nous arrivâmes à
Cuers, où nous espérions trouver un peu de repos ;
mais on nous jeta dans une prison si étroite et si sale,
que si je vivais encore un siècle, je ne pourrais
oublier les tourments que j'y ai soufferts. Des murs
barbouillés d'ordures, des dalles couvertes d'urine
corrompue, un baquet plein de matières fécales qui
dataient de plusieurs jours, et à peine assez d'air pour
respirer, voilà la prison où, tandis que mes amis étaient
entassés sur un lit de pierres, il me fallut passer la
nuit, assis sur un pain de munition, au milieu d'une
obscurité profonde, ayant les pieds dans une boue
infecte, et, à côté de moi, le susdit baquet !

» Aux premières lueurs du jour, nous fûmes entassés sur des charrettes, garrottés comme la veille,
avec une corde de plus qui nous liait les uns aux
autres par le cou.

(1) Pour corroborer ces paroles, en voici d'autres qui
donnent la mesure de la rage dont les décembriseurs étaient
animés. Un oncle du citoyen Siméon Lonjon, de la Garde-
Freinet, a déclaré qu'un gendarme s'était vanté, en sa
présence, d'avoir tué quatorze *pillards* à lui tout seul !

» Un enfant de quinze ans, qui nous avait précédés
dans la prison et qui avait été arrêté pour délit de
mendicité, ne fut pas autrement traité que nous.
Ce pauvre diable, que la nature avait à peu près
seule élevé, se nommait Rimbaud, et habitait une
masure, dans les bois, aux environs de la Garde-
Freinet. Pour subvenir à sa subsistance et à celle de
sa vieille mère, il allait de commune en commune
exposer à la curiosité publique, un loup empaillé,
gagne-pain bien innocent que les gendarmes lui
avaient enlevé, ainsi qu'une dizaine de francs qu'il
avait épargnés pour sa pauvre mère.

» En ce moment, il y avait un abaissement de température assez rigoureux. Après avoir roulé pendant
plusieurs heures, quelques prisonniers, pour lesquels
la froidure était devenue insupportable, demandèrent
à descendre pour réchauffer, en marchant, leurs
pieds endoloris; mais cette permission leur fut brutalement refusée, ainsi que celle demandée par d'autres
prisonniers, de mettre pied à terre pour des nécessités indispensables.

» Pour abréger mon récit, je passe sous silence
les injures, les menaces de mort et une foule de
vexations auxquelles nous ne cessâmes d'être en
butte de la part des gendarmes et de certains soldats.

» Enfin, vers midi, nous arrivâmes à Toulon, et,
quelques moments après, au fort Lamalgue. Il faisait
alors un très beau temps : la nature entière était en
fête et le soleil, en inondant de lumière le fort et ses

alentours, semblait donner un avertissement aux ennemis impitoyables qui nous ravissaient à ses bienfaisants rayons.

» Le commandant du fort, M. Cruppy, après nous avoir injurieusement apostrophés, appela son domestique, un condamné militaire du nom de Bourbon, qui donnait, comme on le verra plus tard, pleinement raison à ce vieux proverbe : « Tel maître, tel valet. »

» Bourbon arriva armé d'un énorme coutelas rouillé, avec lequel il se mit à nous débarrasser de nos cordes ; et comme il s'y prenait de manière à ne pas nous blesser :

» — Tonnerre de Dieu ! faites donc vite, lui cria Cruppy, avec fureur ; quand vous en tueriez quelques-uns, vous ne tueriez certainement rien de bon.

» Cruppy nous livra ensuite au geôlier en chef, nommé Roussel, qui nous conduisit dans un souterrain si obscur que, malgré la lanterne dont Roussel était porteur, il nous était impossible d'en distinguer les murs.

» Dans la quatrième casemate, où le geôlier nous laissa, nous trouvâmes trente-deux républicains de Cuers, qui nous firent immédiatement place en se retirant dans la cinquième casemate, au fond du souterrain.

» Nous étions là depuis quelques heures, rêvant de la France avilie et de nos familles désolées, lorsque avec de la paille et des couvertures on nous apporta de quoi manger ; nous touchâmes peu à nos vivres et nous dormîmes encore moins. Les honnêtes gens ne s'habituent pas si vite à la nourriture et au grabat des malfaiteurs.

» Le lendemain, par suite d'une seconde fournée de victimes dans notre casemate, nous nous aperçûmes que nous n'aurions pas assez de paille pour nous coucher tous. Les nouveaux venus réclamèrent celle qui leur était due; on ne les écouta pas. Il nous fallut alors passer la nuit (16 heures de ténèbres), couchés les uns sur les autres, avec les jambes sur les briques nues, et continuer à dormir ainsi pendant 20 nuits, c'est-à-dire jusqu'au mémorable jour où nous fûmes retirés du souterrain pour être enfermés dans les casemates supérieures.

» Ajoutez à cela que ce souterrain, faute de ventilateur, et à force de recevoir des prisonniers, avait fini par devenir un foyer de miasmes insalubres et que sans un courant d'air, établi enfin dans toute sa longueur, par suite de la généreuse intervention d'un capitaine d'infanterie, bien des prisonniers n'en seraient pas sortis vivants.

» La veille de la Noël, grande joie dans les casemates! Les prisonniers avaient été autorisés à se procurer de la chandelle et à jouir conséquemment de la lumière, dont ils étaient privés depuis leur incarcération.

» Nous fûmes autorisés aussi à écrire à nos familles; mais nos lettres étant soumises à la censure inexorable de Cruppy, nous étions forcés de substituer des banalités insignifiantes aux épanchements si doux et si consolants de la captivité !

» J'oubliais de dire que jusqu'à la Noël, nous avions été privés de recevoir des nouvelles de nos familles.

» Ces barbares, pour nous ravir même la consolation de lire quelques mots tracés par une main amie, substituaient une adresse écrite de leur main à l'adresse attachée aux objets que la prévoyance maternelle ou conjugale.leur avait expédiés pour nous !

» La nourriture qu'on nous donnait et qui fut la même pendant tout le temps de notre captivité au fort Lamalgue, était détestable et insuffisante.

» On nous passait pour cela dix centimes par jour et un pain de munition ; sur ces dix centimes, il y avait à déduire entr'autres dépenses telles que celles du bois, du sel, des épiceries, etc., les *tours de bâton* des fournisseurs et des domestiques : en sorte que le malheureux qui ne recevait pas de subsides de ses parents aurait fini par mourir d'inanition, sans l'esprit de fraternité qui nous animait tous.

» Le personnel des servants était composé de ce qu'il y avait de plus sale et de plus hideux parmi les condamnés militaires détenus au fort.

» Bourbon était chargé de nous vendre de la morue frite, du fromage et du vin. Il fallait avoir une bien grande répugnance de la nourriture officielle pour manger et boire ce qui avait passé entre les mains de ce pourceau.

» Au moins, si on avait eu égard à la situation pécuniaire de tant de malheureux citoyens! Mais tout ce qu'on nous vendait était à des prix exorbitants.

» Je n'exagère pas en évaluant au 70 0/0 les bénéfices du cantinier, qui n'était cependant pas le seul à faire *ses petites affaires*. Bourbon faisait les siennes aussi en introduisant de l'eau dans les cruches de vin *baptisé* qu'il prenait à la cantine et en nous volant encore sur la mesure.

» Certes, nous n'étions pas dupes de toutes ces flibusteries. Mais comment faire pour les empêcher? Si nous nous plaignions, le vindicatif Bourbon réduisait encore la mesure; et, d'un autre côté, nous ne pouvions guère nous passer de vin, l'eau qu'on nous apportait étant très mauvaise à cause de la rouille dont les bidons étaient couverts.

» Mais nous n'étions pas exposés à cela seul dans les rapports que nous étions forcés d'avoir avec Bourbon; nous avions encore à recevoir de lui les plus grossières injures et quelquefois même des coups, sans qu'il y eût la moindre provocation de notre part.

» C'est ainsi qu'il donna, un jour, à Louis Simon, de ma localité, un violent coup de poing sur la tête, accompagné de propos outrageants, parce que mon compagnon lui avait masqué la lueur du soupirail pendant qu'il mesurait du vin!

» Voilà déjà bien des infamies; mais je ne suis pas au bout encore. Pour rendre notre détention plus

cruelle, on ne se lassait pas de chercher les moyens
de nous terroriser : ainsi, chaque fois que les servants
entraient dans nos casemates, ils étaient escortés
de deux soldats armés et nous menaçant de leurs
baïonnettes. On avait soin de propager parmi nous
toutes sortes de nouvelles alarmantes au sujet du sort
qui nous était réservé. On nous disait sans cesse que
les uns seraient fusillés et que les autres seraient
déportés à Cayenne ou à Lambessa.

» Dans cette dernière catégorie, ajoutait un domestique dont la naïveté était devenue proverbiale parmi
nous, seront compris les plus *innocents*.

» Ce qui rendait nos souffrances encore plus poi-
gnantes, c'était de penser que nous respirions dans
une atmosphère viciée et que si notre détention dans
ce souterrain se prolongeait un certain temps, nous
ne remonterions à la surface du sol que pour aller
mourir à l'hôpital ou traîner dans nos foyers une
existence maladive; quand on nous transféra dans les
rez-de-chaussées du fort, nous éprouvions déjà des
symptômes de mauvais augure, et ceux qui nous
virent passer avec nos visages terreux, nos yeux
caves, nos regards fuyant les rayons du jour, nos pas
chancelants et nos vêtements à demi-moisis, auraient
fort bien pu nous prendre pour des cadavres
ressuscités.

» Ce changement de local apporta une amélioration
sensible dans notre situation. Nous eûmes de plus
une heure de récréation tous les jours dans le fossé

intérieur du fort, chose dont nous étions médiocrement satisfaits, car ce fossé était un espèce de cloaque, où nous étions parqués au nombre de cinq à six cents à la fois (1) et où nous pouvions à peine nous distancer les uns des autres, un tiers à peu près de son étendue ayant été réservé par Cruppy pour les ébats de sa volaille !

» Cruppy ne pourrait être suffisamment apprécié si je n'achevais pas de peindre, par un autre fait, la dureté de son caractère.

» Un jour, pendant que nous respirions les exhalaisons malsaines du fossé, une dame de petite taille, habillée de deuil, vient déposer un paquet au lieu désigné pour recevoir les objets destinés aux détenus ; elle se retire ensuite, mais lentement, afin de découvrir parmi nous le prisonnier auquel elle s'intéresse. Irrité de ce stratagème si naturel et si touchant, Cruppy court à elle, lui ordonne de marcher plus vite, l'injurie, la pousse brutalement et finit par lui porter un coup de pied dans les reins, à la suite duquel elle tombe à demi-évanouie et manque de se briser la tête à l'angle d'une des pierres de taille du portail.

» Tel était l'homme à la merci duquel tant de républicains avaient été livrés ; aussi éprouvâmes-nous une bien grande joie lorsque le 1er février, au

---

(1) Il y avait alors quinze cents détenus politiques dans le fort, y compris dix-sept femmes.

point du jour, on vint nous prévenir que nous allions être extraits du fort Lamalgue pour être dirigés sur la prison de Brignoles.

» Mais ce ne fut pas sans une profonde émotion que nous nous séparâmes de nos malheureux compagnons de captivité et des employés du fort qui avaient bien voulu s'intéresser à nous. MM. Roussel, geôlier en chef; Delmas, son neveu; Coste, portier-consigne, et surtout son excellente femme, doivent être signalés à la démocratie du Var, pour les soins cordiaux et les paroles de consolation qu'ils ne cessèrent de prodiguer aux martyrs de la République pendant toute la durée de leur détention.

» De Toulon au village de ***, nous n'eûmes rien de saillant à noter; mais il n'en fut pas ainsi dans ce village, où le convoi fit halte devant le château de ***.

» La veuve du propriétaire de ce château était sur le seuil de la porte au moment de notre arrivée. Au lieu de nous témoigner de la pitié, comme cela lui convenait en sa qualité de ci-devant roturière, madame la comtesse sembla s'étudier à nous faire comprendre qu'elle était extrêmement satisfaite de notre situation : elle s'empressa d'offrir ses services à l'officier qui commandait le détachement, fit distribuer du vin aux soldats, savoura, quelques instants, le plaisir de nous voir garrottés, et nous ayant regardés une dernière fois avec un air de mépris bien caractérisé, elle rentra au château.

» Pendant que les soldats se grisaient avec le vin

de la ci-devant cuisinière de feu le comte de X...,
comme nous avions besoin de déjeuner et que nous
n'avions rien à boire, je descendis de la charrette
avec mes compagnons de chaîne pour aller demander
à l'officier la permission de nous procurer ce dont
nous avions besoin.

» — Vous n'avez pas le droit de mettre pied à
terre, nous répondit-il d'un ton courroucé, remontez
bien vite dans votre charrette. La permission qu'on
me demande, je la refuse; si vous ne voulez pas
manger sans boire, eh bien! vous irez à jeun jusqu'à
Brignoles.

» Repoussé par l'officier, je m'adressai à tout
hasard à un gendarme, et je fus assez heureux pour
en être bien accueilli.

» — N'écoutez pas le sous-lieutenant, nous dit-il;
vous êtes maintenant sous notre surveillance; allez
acheter non-seulement de quoi boire, mais encore
tout ce qui pourra vous être agréable.

» Je priai alors quelqu'un du pays de nous procurer
du vin et de l'eau. Une femme qui se trouvait là,
plutôt dans le but de nous être utile que par esprit
de curiosité, courut aussitôt chez elle et en retourna
avec une cruche d'excellent vin.

» — Tenez, nous dit-elle, avec les larmes aux yeux,
lorsque vous l'aurez vidée, j'irai vous la remplir
encore.

» A voir l'empressement avec lequel Mme Gueit
nous rendait ce service, on pouvait croire qu'une

pensée d'intérêt en était le mobile; mais loin de là !
Cette généreuse femme du peuple repoussa plusieurs
fois le paiement que nous lui offrions et, si elle finit
par accepter quelque chose, ce fut pour aller le
distribuer sur le champ aux malheureux du voisinage.

» En ce moment, nous fûmes témoins d'une scène
dont le dénouement intéressa un bon nombre de
personnes à notre sort et nous consola de bien des
outrages :

» Un propriétaire de la localité, le sieur P..., vint se
mêler à un groupe d'individus qui, à notre occasion,
s'était formé sur une place non loin du château de ***.
Il paraît que la conversation n'était pas à notre
avantage, car après avoir causé quelques instants, le
sieur P... se retourna vers nous et se livra, au
moyen d'un arpent qu'il tenait à la main, à la panto-
mime de quelqu'un qui aurait cherché à nous tirer un
coup de fusil. Un moment après, ce meurtrier
d'intention ayant été appelé à haute voix par un de
mes compagnons, s'approcha de nous pour savoir ce
qu'on lui voulait... Tout à coup, ô justice de Dieu !
en présence de ces vauriens, de ces pillards, de ces
buveurs de sang, couverts de poussière, chargés de
cordes et entassés sur des charrettes comme des
animaux qu'on transporte à l'abattoir, le sieur P...
se trouble, lève les yeux au ciel, pleure, san-
glote et se confond en excuses auprès des prisonniers, car il vient de reconnaître parmi eux, non
seulement de bons amis, mais encore un des membres

de sa famille! Dès ce moment, nous cessâmes d'être considérés par le sieur P... comme de malhonnêtes gens; il chercha même à nous donner des preuves de son estime en éclatant d'indignation contre les décembristes et en nous apportant toutes sortes de provisions de bouche qu'il s'était empressé d'aller chercher chez lui. Mais quelques prisonniers seulement touchèrent à ces provisions; et nous estimâmes à leur juste valeur les protestations d'un homme qui, un instant auparavant, avait manifesté, d'une si odieuse manière, ses sentiments de haine à l'égard des républicains.

» La prison de Brignoles, où nous arrivâmes vers midi, fourmillait de détenus politiques. Nous y trouvâmes vingt-sept Gonfaronnais qui n'avaient pas été conduits à Toulon. Elle nous fit bien regretter le rez-de-chaussée du fort Lamalgue: dans les cellules où nous fûmes enfermés, nous étions littéralement les uns sur les autres, et la paille qui nous servait de grabat était tellement brisée qu'on ne pouvait la remuer sans soulever des nuages de poussière. Il y avait eu, avant nous, jusqu'à onze détenus dans chaque cellule!

» Peu de jours après, l'instruction de notre affaire commença. Cité en témoignage par le ministère public, le desservant de l'église de Gonfaron vint nous offrir ses services et nous dire qu'il agirait de tous ses efforts pour nous tirer d'embarras. Pour ma part, je lui répondis que nous n'avions besoin de la protection de personne ·et que si on nous faisait justice, au lieu d'être condamnés, nous serions félicités par nos juges; et j'avais raison de parler ainsi à ce mielleux protecteur, car sa déposition, comme celle du maire et du brigadier de gendarmerie de Pignans, ne fut, dit-on, qu'un long tissu de calomnies qui amenèrent cinq nouvelles arrestations.

» Parmi ces dernières victimes, se trouvaient une jeune femme, ayant un enfant à la mamelle, et un octogénaire infirme et malade qui mourut quinze jours après à l'hôpital de Brignoles, où il avait été directement conduit. Ce pauvre vieillard, dont la réputation était sans tache, se nommait Jean-Baptiste Martin; il avait passé sa vie à cultiver la terre et avait élevé, à force de privations, une nombreuse famille. On attribua son arrestation à des propos qu'il tint contre les décembristes de sa commune, au sujet de l'un de ses fils, qui, dangereusement malade, venait d'être arraché de son lit par les gendarmes, malgré l'avis et les protestations du médecin.

» Vers la même époque, nous eûmes le malheur de perdre le citoyen Auguste Brun, propriétaire de Gonfaron. C'était un homme probe, généreux, instruit, dont nous avions le droit de nous enorgueillir. Etant d'une complexion maladive, qui exigeait des soins maternels, il était impossible qu'il résistât longtemps au régime des galériens. Son décès eut lieu à l'hôpital de Brignoles, où le même jour arriva l'ordre de le mettre en liberté!

» Lorsque l'instruction de notre affaire fut terminée, la Commission consultative de Brignoles demanda la mise en liberté de quatorze détenus, au nombre desquels j'étais compris. Malheureusement pour nous, cela transpira jusqu'à Gonfaron, et nos ennemis, furieux de nous voir échapper à toutes les peines, même à celle de la surveillance, s'agitèrent de tant de manières auprès des autorités supérieures, qu'ils finirent par obtenir notre condamnation.

» Placé dans la catégorie des expulsés de France, par la Commission mixte, qui nous condamna sans jugement, je demandai et j'obtins l'autorisation d'aller passer quelques jours dans mon village, avant de quitter le sol de la patrie; et, le 28 mars, après cent cinq jours de détention, je pus enfin respirer l'air de la campagne et me reposer au foyer domestique, d'où les égorgeurs de la République m'avaient si brutalement arraché. »

LE FUSILLÉ DU LUC

> « Le vrai peut quelquefois n'être
> pas vraisemblable. »

Le citoyen Giraud, tisserand, surnommé le *Fusillé du Luc*, est une des plus intéressantes victimes du Coup d'État. Voici comment notre ancien compagnon d'exil, peu de temps après son arrivée à Nice, nous raconta son dramatique épisode :

Je faisais partie de la colonne insurrectionnelle et j'étais sur la place de l'Hôtel-de-Ville d'Aups, au moment de l'arrivée des troupes.

Pendant la fusillade, un tailleur d'habits du Luc fut frappé à mort, presque sous mes yeux.

Le sacrifice de ma vie étant devenu inutile par suite de la rupture des rangs, je me retirai du champ de bataille ; et je sortis de la ville sans savoir de quel côté diriger mes pas, car notre imprévoyant général n'avait pas même songé à désigner un point de ralliement pour le cas où nous serions mis en déroute.

En traversant une prairie avec deux de mes

compagnons d'armes, nous fûmes malheureusement aperçus par des tirailleurs, qui nous poursuivirent à coups de fusil, et par des gendarmes à cheval qui vinrent nous barrer le passage sur la route de Sillans.

Ne sachant plus que faire, nous allâmes nous blottir entre deux petits murs formant une espèce de ruelle; mais nous ne tardâmes pas à être découverts par les soldats, qui nous couchèrent de nouveau en joue, et dont nous aurions été infailliblement victimes sans la présence d'un chef de bataillon qui leur ordonna de relever leurs fusils.

Faits prisonniers, nous fûmes aussitôt fouillés comme des voleurs, par un sergent-major et un officier, qui ayant découvert quelques balles dans le carnier du citoyen Sidoine, et un peu de poudre dans mes poches, se mirent à nous injurier grossièrement en nous secouant par le bras avec fureur.

— Nous ne sommes pas des pillards, dis-je avec résolution; mais de braves ouvriers dont le seul but a été de défendre la République, seul héritage de nos enfants. Si vous ne nous croyez pas, informez-vous au moins de nous auprès des royalistes qui nous connaissent; et après cela, si vous n'êtes pas satisfaits, fusillez-nous; nous sommes prêts à mourir!

A ces mots, le chef de bataillon, reculant devant la responsabilité d'un triple assassinat, donna l'ordre de nous lier ensemble et de nous conduire en prison.

Une quarantaine d'insurgés nous avaient déjà précédés dans ce sale chenil, où nous ne pouvions nous

asseoir, faute d'espace, et où nous n'avions pas même
la quantité d'air nécessaire à la respiration.

On nous en tira heureusement une heure après,
pour nous diriger sur Salernes. Huit cents hommes
de troupe, des hussards, quarante gendarmes à
cheval et presque tous les otages composaient notre
escorte.

Chemin faisant, j'eus maintes fois l'occasion de
me convaincre qu'on en voulait beaucoup plus à moi
qu'à mes compagnons d'infortune. Ainsi, en sortant
de la ville, je vis le chef de bataillon me faire un
signe menaçant avec son épée; à chaque instant
j'étais aussi menacé par le sergent-major et l'officier
qui avaient participé à mon arrestation; j'entendis
plusieurs fois celui-ci dire au brigadier Massiou :

— Ayez soin de cet homme-là; je regrette de ne
pas l'avoir fait fusiller.

A Salernes, on nous enferma dans la grand'salle
d'un hôtel, où nous passâmes la nuit entière enchaînés
deux à deux, sans nourriture (nous étions à jeun
depuis vingt-quatre heures!) et privés même d'un
peu de paille pour reposer nos membres endoloris.

Au moment où nous dévorions le pain qu'on venait
de nous apporter avec quelques cruches d'eau, des
gendarmes vinrent me chercher pour me conduire
devant le capitaine de gendarmerie Houlez.

— Te voilà, brigand? me dit-il avec rage, en me
voyant entrer.

» — Je ne suis pas ce que vous dites, lui répondis-je

avec calme; mais un honnête citoyen. Faites de moi ce que vous voudrez, je ne crains pas la mort.

Le capitaine appela ensuite un maréchal-des-logis et lui dit de m'attacher avec le citoyen Auguste Pellas, dit *Bon*, cultivateur du village de Vinon, âgé de 18 ans environ. Je m'empresse de dire ici, à la louange de la discipline militaire, que ce maréchal-des-logis obéit si bien à l'ordre de son chef, qu'il faillit nous étrangler tous les deux.

— Tas de brigands, nous disait-il pendant cette opération, avant de me rendre à vous, comme mes camarades, j'aurais préféré me faire sauter la cervelle.

Nous ne répondîmes rien à ce lâche insulteur et nous attendîmes avec résignation le sort qu'on paraissait nous réserver.

Peu d'instants après, deux gendarmes vinrent nous chercher. Nous trouvâmes devant la porte une compagnie de soldats dont le chef était peu disposé à servir la haine de la réaction.

— Cela ne me regarde pas, répondit-il brusquement au gendarme Mayère, qui venait de lui demander s'il était chargé de nous conduire.

Escortés seulement de Mayère et de l'autre gendarme, nommé Valdenner, nous arrivâmes sur la place de l'Hôtel-de-Ville au moment où les autres prisonniers se mettaient en route pour Draguignan.

En sortant de Salernes, comme nous pressions un peu le pas pour rejoindre nos compagnons de captivité :

— N'allez pas si vite, nous cria le capitaine Houlez, avec une ironie sinistre, n'allez pas si vite; *vous arriverez à temps.*

Je compris, plus tard, le sens réel de ces dernières paroles; le capitaine Houlez voulait dire que nous arriverions à temps au lieu où il allait nous faire exécuter!

Lorsque nous fûmes près de la chapelle Saint-Clair, située à un kilomètre environ de Salernes, il demanda à nos gendarmes si leurs fusils étaient chargés. Sur la réponse négative de ceux-ci, il prit ses pistolets et les leur remit en leur disant :

— Conduisez-les derrière la chapelle.

A ces mots, nous comprîmes que c'en était fait de nous; et nous marchâmes au supplice avec cette résignation courageuse qui, en face de la mort, abandonne rarement les âmes républicaines.

Mais ce ne fut pas sans tristesse, sans douleur pourtant que je songeai à ceux qui me sont chers, surtout à ma femme et à mes deux petits enfants! Comme il doit souffrir le père de famille au cœur sensible, qui marche au supplice sans avoir la satisfaction de mourir pour la sainte cause de l'humanité!

Arrivés derrière la chapelle, Mayère, qui venait de se charger avec attendrissement de remettre à ma femme quelque argent que j'avais sur moi, ne put alors contenir ses larmes.

— Pauvre Giraud, me dit-il, en me serrant la main et en me pressant contre sa poitrine.

7

Je répondis à son embrassade en le plaignant intérieurement d'avoir accepté la mission de tuer un honnête père de famille; puis, comme il se disposait à diriger sur moi le canon de son pistolet :

— *Encaro un moument,* lui dis-je en provençal; *leissas-mi regardar enca'n paou aqueou bèou soureou!*

(Encore un moment; laissez-moi regarder une dernière fois ce beau soleil!)

Il était huit heures du matin; la journée était superbe; jamais le ciel ne m'avait paru si limpide, jamais le soleil ne s'était montré plus radieux...

Tout à coup, au moment où je tourne la tête vers Pellas, pour lui dire un dernier adieu, Mayère applique son arme au-dessous de mon oreille droite, presse la détente, et je tombe la face contre terre sans éprouver d'autre douleur que celle produite par un soufflet assez fort pour faire tourner la tête.

Presque en même temps, une seconde détonation se faisait entendre, et mon malheureux compagnon tombait aussi frappé d'une balle dans la région de l'oreille droite.

Après l'accomplissement de leur affreuse mission, Mayère et Valdenner se rendirent sans doute à Salernes pour faire leur déclaration aux autorités, qui, à leur tour, durent faire prévenir le fossoyeur...

Mais Dieu ne voulut pas que les circonstances de ce double assassinat, de cette cruauté à froid envers des prisonniers, restassent dans les ténèbres; et nous revînmes tous deux à la vie pour les raconter à la honte de leurs auteurs.

Un quart d'heure après, ayant repris mes sens, je sentis, à mon grand étonnement, que Pellas me tirait par la main; je lui dis avec une naïveté mystérieuse dont j'ai ri bien souvent depuis :

— *Siès pas mouar?* (Tu n'es pas mort?)

— *Noun, siou pas mouar; et tu?* me demanda-t-il avec la même expression de physionomie. (Non, je ne suis pas mort; et toi?)

— *Yiou ni maï, coumo viès,* répondis-je en souriant. (Ni moi non plus, comme tu vois.)

Ce singulier colloque terminé, je conseillai prudemment à Pellas de se tenir coi et immobile jusqu'à ce qu'un long silence autour de la chapelle nous eût rendu certains de l'éloignement des gendarmes.

Enfin, après avoir écouté un moment avec une émotion indicible, nous nous rapprochâmes l'un de l'autre, nous déliâmes nos cordes avec nos dents; puis nous nous relevâmes le front livide, les vêtements ensanglantés, brisés de fatigue et de douleurs, mais libres !

Nous voulûmes aussitôt nous éloigner de la chapelle; mais saisis de vertige, nous ne pûmes faire deux pas sans nous affaisser sur nous-mêmes. Abattus et souffrants, nous fûmes alors en proie aux idées les plus décourageantes; mais la Providence avait décidé que nous échapperions à la rage des décembriseurs : ranimés bientôt par le sentiment de la conservation,

nous secouâmes notre énergie morale, nous recueil-
limes toutes nos forces physiques et, bras-dessus,
bras-dessous, nous parvînmes à atteindre un bois, où
notre première pensée fut de nous jeter dans les bras
l'un de l'autre en remerciant intérieurement le Ciel
de nous avoir si miraculeusement sauvés.

De là, après avoir pris un peu de repos, lavé et
pansé nos blessures, nous nous acheminâmes, en
suivant des sentiers solitaires, vers la campagne
d'Entrecasteaux, où, trahis de nouveau par nos
forces, nous aurions infailliblement succombé à nos
souffrances sans les secours qui nous furent prodigués
par une généreuse famille de cultivateurs.

Je me séparai ensuite de mon camarade pour
retourner au Luc, où j'arrivai vers les huit heures du
soir, dans une situation désespérante.

Le lendemain matin, un nouveau malheur vint
frapper ma famille désolée; mon vieux père, qui
venait de passer la nuit entière à mon chevet, fut
arrêté par la gendarmerie, puis lié avec des cordes
et conduit à Draguignan avec d'autres républicains.

Le secret de mon retour avait été si bien gardé,
qu'il ne vint pas même à la pensée de mes ennemis
que j'existais encore.

Un jour, le curé de la paroisse vint remettre à ma
veuve, au nom du gendarme Mayère, la petite somme
que j'avais remise à celui-ci avant d'être fusillé. Pour
éloigner encore plus les soupçons, ma femme eut,
en ce moment, l'heureuse idée de lui commander

une messe pour le repos de mon âme, messe qui fut célébrée en présence de tous les miens, vêtus de deuil et simulant la plus profonde affliction.

J'appris plus tard que Pellas avait été arrêté à Vinon, transféré sur une charrette au chef-lieu du département, puis relâché après quelques mois de détention.

Pour moi, je fus assez heureux pour échapper à de nouvelles poursuites, en continuant à user du stratagème qui m'avait été déjà si utile et en me réfugiant, après entière guérison, sur le territoire piémontais, au milieu de nombreux amis, sur l'esprit desquels je produisis l'effet d'une apparition.

PREMIÈRE EXÉCUTION DE F^d MARTIN

Nous avons dit que le contingent de Barjols faisait partie du bataillon qui, dans la soirée du 9, était venu camper sur les hauteurs de Tourtour, sous le commandement d'Arambide.

Parmi les volontaires de ce contingent, il y avait un grand et beau garçon de 26 ans, qui se nommait Ferdinand Martin et qui, dans son enfance, avait été surnommé : *Bidouret*. Martin exerçait à Barjols la profession de peigneur de chanvre. Il était adoré de ses parents, estimé de ses concitoyens et s'était rendu digne du titre de républicain.

Le lendemain de l'arrivée du bataillon, un peu avant l'aube, le commandant Arambide ordonna à Martin de porter une dépêche à Duteil, qui s'était établi à Aups, avec le gros de l'armée insurrectionnelle. Cette dépêche était ainsi conçue :

« J'ai pris à Tourtour tout ce que j'ai pu trouver en armes et en munitions et j'attends vos ordres. »

Le dévoué jeune homme reçoit la dépêche, monte à cheval et s'élance sur la route d'Aups. Arrivé au but de sa course, il demande le général. Il le trouve à l'Hôtel-de-Ville, qui pérorait au sein de la commission révolutionnaire. Duteil prend connaissance du billet d'Arambide et répond à son lieutenant par les lignes suivantes :

« Repliez-vous le plus promptement possible sur Aups. Je n'attends plus que vous pour le départ. »

Bien qu'un peu fatigué de sa course rapide, Martin sort immédiatement de la Mairie, va changer de cheval et se remet en route avec l'impétuosité de son caractère méridional.

Il allait ainsi, à franc étrier, rayonnant de joie et d'espérance, car à cet âge, on est rarement désillusionné, lorsque soudain, à l'un des tournants de la route, non loin du village, il aperçoit l'avant-garde de la colonne expéditionnaire... Son premier mouvement est de tourner bride; mais prompts comme l'éclair, des gendarmes arrivent sur lui, procèdent à son arrestation et le conduisent sur-le-champ devant le préfet Pastoureau, qui marchait en tête de la troupe, à côté du colonel Traüers, tous deux suivis d'un jeune volontaire « infatigable », dit M. Maquan, qui n'était autre que M. Edouard de Colbert, le même qui fut condamné à six mois de prison par le tribunal correctionnel de Draguignan, pour avoir frappé à la tête, avec une cravache plombée, un postillon de sa localité (1).

Le préfet interroge sommairement le prisonnier, puis donne l'ordre de le fouiller. On trouve dans sa ceinture un vieux pistolet d'arçon et dans sa poche l'ordre remis par Duteil. Soudain on entend une détonation : c'est un coup de pistolet qui vient d'être tiré à bout portant, à la tête de Martin. Le pauvre jeune homme pousse un cri, tombe de cheval et roule sur la chaussée, où les gendarmes ont la barbarie de le frapper de plusieurs coups de sabre. Il est ensuite poussé du pied jusque dans le fossé de la route, par des soldats du 50ᵐᵒ, qui considèrent ainsi comme une chose immonde le corps inerte et ensanglanté de ce jeune martyr de la foi républicaine.

Cette première exécution de Martin soulève une question à laquelle il est assez difficile de répondre d'une manière affirmative.

Qui a tiré ce coup de pistolet? Est-ce un gendarme sur l'ordre du préfet? Est-ce le préfet lui-même?

Nous avons des raisons de croire à la seconde de ces deux versions. A Aups, où les soldats ont dû faire des

(1) Ce fervent disciple des révérends de Fribourg, qui cinq jours auparavant avait déguerpi du château paternel, au moment même où les insurgés du Luc procédaient à l'arrestation de son père, fut décoré peu de temps après de la croix d'honneur. On se demande ce qu'il pouvait avoir fait à Aups pour mériter cette distinction.

révélations ; à Barjols, où les parents de la victime
ont dû être sérieusement renseignés, la voix publique
a, de tout temps, accusé M. Pastoureau. C'était aussi
la conviction des insurgés réfugiés à Nice. A ce
propos, citons un fait : Peu de temps après les
évènements, je rencontrai sur le *Corso*, devant le
café où se réunissaient les proscrits français, car il y
avait aussi, dans la même ville, de nombreux proscrits
italiens, je rencontrai, dis-je, le citoyen Marescot,
d'Aix, qui arrivait de Londres, muni de pleins
pouvoirs de Ledru-Rollin. Marescot avait mission de
s'entendre avec les proscrits et d'organiser, de concert
avec eux, dans le Midi de la France, la contre-partie
de l'insurrection napoléonienne. Ledru-Rollin était
un grand cœur, un jurisconsulte éminent, un tribun
incomparable ; mais il était prompt à s'illusionner et ne
savait pas assez résister aux excitations fiévreuses qui
lui arrivaient de toutes parts. En outre, il ne s'était
pas rendu compte de la situation du parti dans nos
départements, où le sabre était alors le seul représentant de la justice. J'étais en train de causer de
tout cela avec Marescot, lorsque le préfet du Var, qui
était sans doute venu conférer avec le lieutenant
Aladenize, récemment nommé consul de France à
Nice, vint faire un tour de promenade sur le cours.
Reconnu par un des insurgés du Var, son nom vole
aussitôt de bouche en bouche. Il arrive à nos oreilles.
Saisi d'une vive indignation, hors de lui, Marescot
cherche Pastoureau des yeux et l'ayant aperçu,

s'écrie en le désignant énergiquement du bout de sa canne :

— Voilà, citoyens, voilà l'assassin de Ferdinand Martin !

M. Pastoureau était devant nous, à quelques pas seulement. Il entendit donc ces terribles paroles; mais il n'y répondit pas, continua son chemin et se garda bien de reparaître à nos yeux.

Une notabilité de Draguignan, qui était, croyons-nous, M. Allemand, banquier, ne se gênait pas pour dire, en présence même des amis du préfet, que celui-ci était l'auteur de l'attentat commis sur la personne de Martin.

Il y a plus : Vers la même époque, un journal de Nice, l'*Echo du Peuple*, dans une narration émouvante des deux exécutions de Martin, accusa carrément M. Pastoureau d'avoir saisi le pistolet d'arçon que Martin portait à sa ceinture et de l'avoir déchargé à bout portant sur cet infortuné citoyen. L'article se terminait ainsi : « Échappé à un premier supplice, le malheureux Martin devait en subir un second, qui avait évidemment pour but d'assurer son silence sur le coup de pistolet du proconsul de Bonaparte. »

Le gouvernement entretenait de nombreux mouchards à Nice. Ils ne durent pas laisser ignorer à M. Pastoureau, cette terrible attaque. Pourquoi celui-ci n'y répondit-il pas? Pourquoi ne fît-il pas poursuivre le vaillant journal rédigé par un proscrit, le citoyen Théophile Pons? Est-ce que la conser-

vation de son poste était préférable à celle de son
honneur?

Pendant dix-sept ans, M. Pastoureau, continuellement accusé par les républicains du Var, n'a cessé
de garder, comme Conrad, « un silence prudent ».
Enfin, le 6 septembre 1868, au moment où la France
semble revenir à la vie, M. Pastoureau, pour toute
réponse aux attaques dont il est l'objet de la part de
divers journaux, daigne prendre la plume pour
écrire une note qui est insérée dans la *Tribune* et qui
se résume en ces mots :

« L'insurgé Martin n'a pas été conduit devant le
» Préfet et fusillé par son ordre ; car au moment où le
» fait avait lieu, le Préfet n'avait pas encore quitté
» Draguignan. »

M. Pastoureau l'affirme ; mais M. Pastoureau n'en
donne pas la preuve, tandis que ses contradicteurs
ont entre les mains des documents qui mettent à
néant l'alibi qu'il ose invoquer.

Citons-le d'abord lui-même. Dans sa proclamation
aux habitants du Var, à la date du 11 décembre, le
nouveau Préfet disait :

« J'ai mis le département en état de siège. Je suis
» parti à la tête de nos braves soldats, et je ne prendrai
» de repos que lorsque j'aurai éteint la dernière
» étincelle de l'incendie qui semblait devoir embraser
» le pays tout entier.

» A Cuers, à Pignans, à Gonfaron, au Luc, à
» Lorgues, à Salernes, l'anarchie a été réprimée, les

» hommes de désordre et de violence châtiés, saisis,
» livrés à la justice des Conseils de guerre.

» A Aups, le 10 décembre, le rassemblement
» insurrectionnel a été anéanti sous mes yeux, par
» nos énergiques soldats. Ceux de ces hommes si
». coupables qui n'ont pas payé leur crime de leur vie
» sont tombés dans nos mains ou n'échapperont pas
» longtemps. »

Le frère de la victime, Louis Martin, boulanger à
Nice, écrit à la date du 12 août 1868 une lettre que
nous avons sous les yeux et dont nous détachons le
passage suivant :

« Mon frère se heurta à l'avant-garde de la troupe
» que le Préfet commandait en personne. Il fut arrêté
» et conduit en présence de ce dernier. On trouva sur
» lui l'ordre dont il était porteur et une paire de
» pistolets. Alors le Préfet donna l'ordre de le fusiller.
» D'autres prétendent que c'est lui-même qui déchargea
» l'arme sur la figure de mon cadet. »

Qu'on n'oublie pas que cette lettre a été écrite sous
l'Empire et qu'il y avait alors du danger à publier
certaines affirmations.

Voici maintenant un historien : « Le Préfet était
» sur les lieux, au moment de l'exécution de Martin,
» dit Noël Blache. Il marchait en tête de la colonne, à
» côté du colonel Traüers. »

M. Maquan (un homme d'honneur au dire de
M. Pastoureau) est non moins explicite :

« Le Préfet marchait avec la colonne, au moment

» où elle quitta la route de Barjols pour s'enfoncer
» dans le chemin qui conduit sur les hauteurs de
» Tourtour. » Il dit plus loin : « Le jour commençait à
» poindre. » Or, comme c'est après avoir dépassé
Tourtour que l'avant-garde rencontra Martin, la
prétention de M. Pastoureau d'avoir rejoint la colonne
vers dix heures du matin, après l'exécution de Martin,
est absolument inadmissible.

Nous n'avons pas fini. Dans une correspondance
adressée au *Moniteur*, on lit ces mots :

« M. Pastoureau est parti de Draguignan à quatre
» heures du matin (M. Pastoureau dit à huit heures)
» à la tête de onze compagnies d'infanterie et de
» quarante gendarmes, sous la conduite du colonel
» Traüers. »

Enfin, voici ce même colonel qui semble avoir pris
le soin de donner par avance le coup de grâce à
l'affirmation de Pastoureau. Dans le rapport adressé
par lui au général Levaillant, commandant l'état de
siège, il dit :

« ..... Je donnai l'ordre du repos, puis je fis
» remplacer les hommes éclopés, et le 10, vers *cinq*
» *heures* du matin, m'étant mis à la tête de onze
» compagnies et de quarante cavaliers, je fondis sur
» Aups. *Le Préfet marchait avec nous et a montré*
» *l'énergie d'un soldat.* »

« En vérité, dit M. Jules Claretie, dans les pages
éloquentes qu'il a consacrées à Ferdinand Martin,
si un rassemblement insurrectionel a pu être anéanti

sous les yeux de M. Pastoureau, est-il impossible qu'une estafette ait été fusillée en sa présence? »

Mais bornons là nos citations et revenons au malheureux jeune homme que les troupes du futur héros de Sédan ont laissé pour mort dans le fossé de la route de Draguignan à Aups.

MORT DE FERDINAND MARTIN

Ferdinand Martin n'était pas mort et ses blessures étaient sans gravité. La balle avait labouré la peau du crâne; un coup de sabre avait fait une entaille à la jambe. Néanmoins, la commotion produite par le projectile et la perte de sang, avaient dû causer un évanouissement qui, vu la rigueur de la saison, aurait pu déterminer la mort du blessé. Combien on regrette qu'il n'en ait pas été ainsi!

Quand Martin reprit connaissance, la colonne expéditionnaire était déjà près d'Aups. Alors, comme il n'entendait aucun bruit de pas, il se releva sur les genoux et, tout sanglant, s'assit sur le bord du chemin. Puis il rassembla ses forces, rappela toute son énergie et parvint à se traîner jusqu'au château de M. de la Baume, où le fermier lui donna l'hospitalité et, avec l'aide de sa femme, le soigna de son mieux. Il écrivit de là ou fit écrire à ses parents pour leur annoncer son prochain retour; mais le bruit s'étant répandu, après la déroute d'Aups, que tout individu qui donnerait asile à un insurgé serait passible de la même peine que celui-ci devait encourir, le fermier s'épouvanta, courut chez le Maire du village et dénonça la présence au château du malheureux blessé. Le Maire de Tourtour, qui était, dit-on, un fougueux réactionnaire, écrivit au Préfet que le fusillé était vivant et réfugié au château de la Baume. Cette dénonciation était une lâcheté dont le paysan n'avait probablement pas eu conscience; mais que dire de ce magistrat qui, sans nécessité impérieuse, n'hésita pas un instant à informer les bourreaux que leur victime était encore vivante!

On ne répondit pas tout de suite de Draguignan; et ce ne fut que le samedi, 13 décembre, à cinq heures du matin, que le fermier dut recevoir l'ordre de conduire Martin à l'hôpital d'Aups.

Le blessé ne résista pas et se mit en route à la même heure, pour l'hôpital, où il arriva, très fatigué, accompagné des paysannes de la ferme.

Après quelques instants de repos, il pria doucement une religieuse de lui panser ses plaies. La sœur se mit en devoir, avec une bonté évangélique, de lui donner les soins que réclamait son état.

Le pansement était à peine fini, que deux gendarmes, suivis de quelques soldats, se présentaient dans la salle d'attente. La supérieure, sur leur réquisition, les conduisit auprès de Martin...

Laissons maintenant parler Noël Blache, qui, dans un style simple et précis, a raconté d'une manière si touchante les derniers moments de la victime. Nos renseignements sur ce drame lugubre datent de la terre d'exil; il a recueilli les siens sur les lieux mêmes et, bien que ce soit après 18 ans, nous avons des raisons de croire qu'ils sont plus véridiques que les nôtres.

« Les soldats furent placés en sentinelle à la porte de la salle. Les deux gendarmes s'approchèrent de Martin et lui lièrent avec des cordes les poignets et les chevilles.

» La supérieure de l'hospice fit observer aux deux militaires l'inutile barbarie de ce traitement. L'insurgé n'était-il pas blessé? N'était-il pas gardé à vue par les soldats? Ses prières restèrent sans écho!

» Le soir, le brigadier de gendarmerie vint à l'hôpital, où sa femme malade avait été amenée. La supérieure lui raconta ce qui s'était passé et le supplia de délier au moins les mains du prisonnier. Le brigadier s'approcha de Martin et, doucement, sans avoir l'air de rien, relâcha les cordes.

» La sœur était là, debout, près des deux hommes.

» — Quand me fusille-t-on, ma sœur? lui demanda inopinément l'infortuné jeune homme.

» Cette pauvre femme, dont la pensée était à cent lieues de l'idée d'une exécution, fut vivement émue.

» — Oh! que dites-vous là, mon enfant? répliqua-t-elle. Qu'avez-vous fait pour qu'on vous fusille?

» Martin hocha silencieusement la tête!

» Le lendemain matin, un officier et deux soldats gravissaient l'escalier de l'hôpital. Interrogés par la

supérieure, l'officier lui apprit qu'il allait conduire
Martin au supplice. La sœur protesta énergiquement,
dit qu'un tel acte était infâme, que jamais un officier
français ne consentirait à l'accomplir. L'officier se
borna à lui répondre :

» — Je dois obéir aux ordres venus de Draguignan.

» Les souvenirs de la supérieure sont précis sur ce
point. Martin apprit sans peur, sans faiblesse, que sa
dernière heure était venue. Comme il avait vu passer
dans une salle de l'hospice M. Bonnet, curé de
Vérignon, il demanda à se confesser à lui. Martin
connaissait M. Bonnet, dont la sœur était mariée à
Barjols. On dit même qu'avant d'aller rejoindre
l'armée insurrectionnelle, Martin avait promis à cette
dame de protéger contre tous, le curé de Vérignon,
si ses jours venaient à être menacés.

» Après sa confession, Martin pria M. Bonnet de
l'accompagner jusqu'au lieu de l'exécution. Le pauvre
prêtre n'osa refuser cette suprême assistance.

» Au moment de partir, Martin fit des adieux
touchants à la supérieure et aux autres religieuses. Il
les remercia des soins qu'elles lui avaient prodigués.
Puis, le regard assuré, il marcha à la mort.

» Les religieuses se mirent à genoux, la cloche de
l'hôpital sonna le glas.

» En même temps, Martin fut conduit de la cour de
l'hôpital au mur d'en face, bordant les prairies du
côté de l'Est.

» Debout et sans que sa voix trahît la moindre

émotion, il demanda à l'officier s'il devait se mettre
à genoux.

» L'officier fit un signe de tête négatif. Martin eut
un dernier sourire; puis, il étendit les bras!

» Soudain un cri de : feu! se fait entendre et
l'infortuné tombe pour ne plus se relever.

» Un témoin de cet affreux spectacle l'entendit
distinctement murmurer ces paroles :

» — *N'aï proun* (j'en ai assez).

» Cette mort obscure, si courageuse dans son
héroïque simplicité, est une des plus saisissantes pages
de l'histoire.

» L'officier et les deux soldats rentrèrent à l'hospice,
ainsi que M. Bonnet. Le curé se trouva mal. Les
deux soldats jetèrent avec dégoût leurs armes sur le
plancher, pendant que deux larmes fugitives glissaient
sur les joues de l'officier!

» La ville entière, la municipalité même, au dire
de la supérieure, protestèrent contre l'exécution de
Martin! »

La nouvelle de la fusillade du blessé ne tarda pas à
se répandre dans les environs. Elle produisit partout
une émotion indescriptible. Dans les rues de Barjols,
on voyait des gens qui pleuraient à chaudes larmes;
d'autres qui couraient épouvantés. Qu'on juge par là
de ce qui dut se passer chez les parents du pauvre
mort, au moment où ils apprirent les détails de ce
drame sans exemple peut-être dans les annales des
pays civilisés!

« Ce malheur, écrivait en 1868 le frère aîné de
» Martin, fut un coup de foudre pour ma famille toute
» entière. D'abord, mon beau-frère, craignant de subir
» le même sort que mon cadet, s'enfuit dans les bois
» et finit par s'y donner la mort. Ma pauvre vieille
» mère ne résista pas longtemps à cette terrible
» secousse. Il en fut ainsi de ma sœur, qui la suivit
» dans la tombe, laissant une enfant qui est devenue
» idiote au point qu'il a fallu la mettre à l'hôpital de
» Barjols. »

Et lui, le frère du grand martyr varrois, combien il
devait souffrir, lorsque jeté sur le rivage de Nice,
comme une épave par la tempête, se trouvant seul et
sans ressources, loin de sa mère et de sa sœur, qui se
mouraient de désespoir, il songeait à ce jeune frère,
à ce doux ami qu'il avait tant aimé, et qu'un agent
du Pouvoir, indigne de servir la France, avait eu la
barbarie de faire exécuter une seconde fois !

Nous avons dit en commençant le récit de ce
sanglant épisode, ce que Martin était comme homme
et comme citoyen. On a vu avec quel calme, quelle
fermeté, quelle résignation, il marcha au supplice. Sa
vie fut celle d'un démocrate honnête et dévoué ; sa
mort fut celle d'un martyr et d'un héros (1).

« — Quel dommage, s'écrie le légitimiste Maquan,
» quel dommage qu'un pareil homme n'ait pas fait le
» sacrifice de sa vie pour une meilleure cause ! »

_____

(1) Martin était né à Barjols, le 24 août 1825.

Et maintenant il nous reste à rechercher sur qui doit retomber la responsabilité de ce meurtre d'autant plus odieux qu'il était inutile.

Qui a envoyé l'ordre de prendre Martin à l'hôpital et de le fusiller? Est-ce M. Pastoureau?

L'ancien Préfet du Var, devenu Préfet d'Indre-et-Loire, a répondu, après un silence de dix-sept ans, qu'au moment où le sort de Marfin se décidait à Draguignan, il était à bord de l'aviso le *Chacal*, qui entrait dans la rade de Toulon. Le fait est exact. Mais ce qui n'est pas moins vrai, c'est que dans l'intervalle de la dénonciation, qui date du 10 et de l'exécution, qui eut lieu le 14, on avait eu le temps de faire parvenir une dépêche au Préfet et de recevoir ses ordres.

Est-ce le général Levaillant?

« Quoi d'étonnant à cela? répond Noël Blache. Le ministre de la guerre n'avait-il pas écrit qu'avec ces bandes d'insurgés, il fallait agir sans merci? »

Voici, en effet, ce que le général Saint-Arnaud écrivait à la date du 9 décembre, aux généraux commandant les divisions militaires :

« Toute insurrection a cessé dans Paris par une » répression vigoureuse.

» La même énergie aura partout les mêmes effets.

» Des bandes qui apportent le pillage, le viol et » l'assassinat se trouvent hors les lois. Avec elles, on » ne parlemente pas, on ne fait pas de sommations; » on les attaque; on les disperse !

» Tout ce qui résiste doit être fusillé au nom de la
» société en légitime défense. »

L'ordre était formel, disent nos adversaires. La
discipline était là. Le général devait obéir.

Nous répondrons à ces adorateurs de la force que
le devoir du général était d'obéir à la loi constitutive
de son pays et non au complice de celui qui venait de
la fouler aux pieds.

Du reste, si l'ordre du ministre de la guerre
obligeait M. Levaillant à tuer les insurgés, il ne lui
donnait pas le droit de les *retuer* (1).

Mais est-ce bien sur ce général que doit retomber
l'accusation?

Qui peut assurer que Saint-Arnaud, informé de la
résurrection de Martin, n'a pas donné de nouveaux
ordres, ou que de Morny, l'homme à la justice
expéditive, n'a pas été consulté?

Ah! si je tenais le nom du coupable au bout de ma
plume, combien je serais heureux de le signaler à
l'exécration des amis de l'humanité!

---

(1) Ce néologisme, qui est du frère de la victime, laisse à
désirer au point de vue grammatical ; mais il permet d'éviter
une périphrase et il peint énergiquement l'action à laquelle
il s'applique.

DE MOISSAC A BARRÈME

Nous avons laissé les débris de la colonne insurrectionnelle à Moissac, village situé à une petite distance d'Aups. Ils avaient fait halte sur un plateau, où les habitants leur apportèrent du vin et des vivres. De nombreux insurgés de l'avant-garde avaient été trouvés là; mais Cotte n'était pas parmi eux. Ce vaillant jeune homme était à cinq kilomètres d'Aups, au moment où commencèrent les feux de peloton. Il arrêta aussitôt son détachement et attendit de nouveaux ordres.

— Camarades, dit-il en apercevant des masses de fuyards sur les hauteurs d'Aups, nous sommes battus; mais nous prendrons notre revanche. Ne nous décourageons pas et attendons avec calme une estafette du général.

Un certain nombre d'insurgés, qui arrivaient d'Aups, et parmi lesquels se trouvait Brunet, vinrent se rallier à l'avant-garde.

— Que s'est-il donc passé? demanda Cotte au jeune propagandiste dracénois.

— Nous avons été surpris par les troupes; c'est tout vous dire.

— Y a-t-il une retraite?...

— Non.

— Un point de ralliement?

— Non plus.

— Que faire alors? dit Cotte en consultant les principaux chefs.

En présence de la démoralisation de leurs hommes, tous répondirent que le plus sage parti à prendre était de renoncer à la lutte. Alors on congédia l'avant-garde. Mais en apprenant que le conseiller général Renoux allait partir pour Digne, presque tous les Salernais voulurent servir d'escorte à ces derniers.

— Non, mes amis, leur dit le bon et généreux Renoux, ne nous suivez pas. Louis Bonaparte triomphe; il ne faut pas vous compromettre davantage. Retournez dans vos foyers et soyez tranquilles : j'essaierai de vous sauver tous en déclarant aux autorités supérieures que je suis seul responsable de la prise d'armes de Salernes. Oh! ne vous inquiétez pas de moi; si je réussis, quoi qu'il m'arrive, ce sera un des beaux jours de ma vie!

Les trois amis partirent pour Digne; mais en arrivant à Moustiers, ils apprirent que le chef-lieu des Basses-Alpes était au pouvoir des troupes; et ils renoncèrent dès lors à leur projet d'aller combattre avec les insurgés de ce département. Ils se séparèrent ensuite, Cotte et Dauphin pour se diriger

vers la frontière piémontaise, Renoux pour aller
s'offrir en holocauste à la réaction.

Renoux était de ces républicains qui mettent en
pratique cette vieille et noble maxime : *Fais ce que tu
dis, dis ce que tu fais.* Le surlendemain, quittant une
retraite sûre, Renoux se rend à Draguignan, va
trouver M. Bigorie, procureur de la République, et
lui fait sa déclaration. Ce trait de dévouement, digne
des beaux temps de l'antiquité, ne sert qu'à exaspérer
la haine de cet indigne magistrat. Le lendemain, sans
respect pour le mandat dont Renoux était investi,
sans égard pour sa réputation sans tache, sans pitié
pour sa santé délabrée, il le fait conduire à Toulon,
à pied, la chaîne au cou et aux mains, par de
misérables gendarmes, qui lui font subir tout le long
de la route les plus ignobles traitements. A Toulon,
on l'enferme dans une prison infecte, où des
condamnés rongés de vermine avaient passé et où
vint le frapper une condamnation sans jugement à
cinq ans de transportation en Afrique, peine qui fut
commuée plus tard en cinq années de bannissement.

La dissolution de l'avant-garde ayant détourné
Duteil et ses amis de leur projet de retourner en
force à Aups, ils décidèrent de faire appel aux
hommes de bonne volonté et de se porter
rapidement avec eux sur le quartier-général de
l'insurrection Bas-Alpine. Il y avait eu auparavant, de
part et d'autre, les récriminations inévitables de la
défaite.

La plupart étaient exaspérés contre Duteil; et ses amis eurent toutes les peines du monde pour empêcher qu'on ne le fusillât. Campdoras a dit que dans la nuit du 11 au 12, il s'était trouvé dans la nécessité de garder à vue le fils d'un riche bourgeois, très honnête garçon, qui voulait envoyer une balle à Duteil; et ce ne fut qu'à grand'peine qu'il parvint à lui faire comprendre que chez le général il y avait eu *lâcheté* et non pas trahison.

Campdoras avait été un peu trop sévère pour ce pauvre Duteil, qui, en présence de l'ennemi, s'était exposé comme ses compagnons d'armes et ne les avait, du reste, pas abandonnés.

La colonne quitta Moissac pour se rendre à Rodignac. De là, avec un effectif qui était déjà de quatre cents hommes, on marcha sur Montagnac, puis sur Mézel. Dans toutes ces communes, les insurgés furent accueillis avec cordialité. Les femmes de Rodignac pleuraient autour d'eux, en leur disant d'avoir bon courage, que la République ne périrait pas. A Montagnac, un vieillard qui vivait seul avec sa jeune fille, avait mis ses deux lits à la disposition de Duteil et d'un petit jeune homme de Vidauban, qui avait utilisé toutes ses cartouches dans les rangs de la Garde-Freinet.

Ainsi, lui dit Duteil, l'un et l'autre, vous allez passer la nuit sans dormir?

— Ne vous inquiétez pas de nous, lui répondit le bon vieillard; montez dans cette chambre et faites

comme si vous étiez chez vous. C'est bien le moins
que moi et ma fille passions une nuit blanche pour
des citoyens qui ont voulu sauver le peuple de la
servitude.

Le lendemain on se remit en route. Encore
souffrant de la chute qu'il avait faite sur les rochers
d'Aups, Duteil, appuyé tantôt sur le bras d'Almaric,
tantôt sur l'épaule de Martel, se traînait comme il
pouvait, et ralentissait la marche de la colonne. Une
diligence venant à passer durant le trajet de Riez à
Mézel, on le décida à y monter avec les deux frères
Coulomb, de la Garde-Freinet.

A Mézel, il apprit que Digne était rentré dans
l'*Ordre*, qu'à la nouvelle de l'arrivée des insurgés du
Var, on y avait pris des dispositions formidables, et
qu'enfin le Maire de Mézel venait de recevoir une
estafette qui demandait des renseignements sur les
mouvements de la colonne, contre laquelle on allait
envoyer des troupes. Alors, sur le conseil des
républicains de Mézel, Duteil et ses deux compagnons
décidèrent qu'il y avait lieu de renoncer définitivement à la lutte.

On engagea ensuite Duteil et Coulomb aîné, le
frère de celui-ci étant moins compromis, à partir sur-
le-champ pour gagner la frontière; mais ceux-ci
hésitèrent à suivre ce conseil, en songeant à leurs
camarades, qu'ils ne voulaient pas abandonner.
Cependant, sur la promesse formelle qui leur fut faite
par le colonel en retraite F... et leurs amis de Mézel,

d'envoyer un courrier à la colonne pour lui faire part
des motifs qui avaient dicté leur résolution, ils
déposèrent leurs armes, prirent le bâton de voyage;
puis, après avoir embrassé le jeune Coulomb, qui
retournait au pays pour consoler son vieux père,
ils s'acheminèrent vers Barrême, où ils arrivèrent
pendant la nuit, après avoir éprouvé toutes les
rigueurs de la saison et les fatigues d'une longue
marche à travers les montagnes.

VIA EXILII

Barrême offrait peu de sécurité à nos deux fugitifs.
Ils en repartirent au bout d'une heure pour le village
de Moriez, dont le Maire était républicain.

Au risque de se compromettre, ce généreux
magistrat mit sa demeure entière à leur disposition.
Couchés dans un excellent lit, ils commençaient à
s'endormir, lorsqu'un brave jeune homme qui leur
avait servi de guide, vint les prévenir que les gendarmes étaient devant la maison et leur recommander
le plus profond silence. Ces gendarmes étaient à leur
recherche : le Maire, à qui ils venaient demander
des instructions, eut le bon esprit de les envoyer
dans une maison située à l'extrémité du village, en
leur disant que ses hôtes avaient dû y trouver un
asile.

Les gendarmes, dont les deux fugitifs entendirent
piaffer les chevaux, galopèrent avec joie vers cette
maison; mais ils revinrent bientôt chercher de
nouveaux ordres. Il est superflu de dire que pendant
ce temps-là Duteil et Coulomb aîné prêtaient attenti-

vement l'oreille... tout à coup les gendarmes tournent bride ; puis un grand tumulte se fait dans le corridor, des crosses de fusil tombent sur le carreau, des voix confuses prononcent le nom de Duteil ; enfin, on monte l'escalier qui conduit à la chambre des fugitifs... Ceux-ci, croyant qu'on vient les saisir, sautent à bas du lit, cherchent instinctivement une arme pour se défendre ; mais en même temps la porte s'ouvre et ils se trouvent en présence de leurs camarades, qui se précipitent dans leurs bras en riant aux éclats de la frayeur des gendarmes, qui, en les voyant venir, se sont empressés d'aller chercher plus loin.

C'était la colonne ; seulement, des quatre cents hommes dont elle se composait à Rodignac, il n'en restait plus que trente-six. Les uns, accablés de fatigue, avaient renoncé à suivre ; les autres, en apprenant les changements survenus à Digne, avaient préféré retourner dans leurs communes ; enfin, les derniers, après avoir échappé aux troupes, à Estoublon, où ils avaient couché, s'étaient mis en marche pour la frontière, en suivant les défilés couverts de neige, bien déterminés à s'ouvrir un passage les armes à la main.

Pour ne pas laisser aux décembristes le temps d'échelonner des troupes sur la frontière, les trente-huit fugitifs s'acheminèrent le lendemain sur Angles, où ils se proposaient de faire une halte avant de quitter la France.

« Après avóir marché toute la journée, dit Duteil,
dont nous citons avec plaisir les dernières pages, nous
arrivâmes à Angles. Le Maire nous dit que sa commune était misérable, que ses administrés avaient à
peine assez de vivres pour eux et que nous ferions
bien de pousser jusqu'à Vergons, où il nous serait
facile de nous en procurer. Cet homme avait une
figure sinistre : il ne regardait jamais en face, et
n'osant pas nous repousser, il chercha à nous éloigner par le mensonge. Des bûcherons, à peu près
sauvages, entouraient leur Maire et paraissaient
émerveillés de l'entendre parler français. Malgré la
fatigue et l'obstination de plusieurs, qui ne voulaient
pas aller plus loin, nous donnâmes l'ordre de continuer la route et, après quatre heures de marche sur
les neiges des montagnes, nous arrivâmes enfin à
Vergons.

» Aller plus loin paraissait impossible. Après nous
être établis dans une auberge, il fut résolu qu'on
coucherait là. Nous ne connaissions personne à
Vergons ; mais un citoyen ayant appris notre arrivée,
vint nous trouver, et m'appelant par mon nom,
demanda à me parler en particulier. Vous êtes un des
rédacteurs du *Peuple,* me dit-il ; je suis un de vos
abonnés ; vous pouvez avoir confiance en moi. Il faut
que vous partiez tout de suite. Un de nos gendarmes
vient de monter à cheval pour aller réunir des forces
et vous faire couper la retraite au pont de Guéidan,
seul endroit où vous puissiez passer pour entrer en

Piémont. Traversez ce pont, cette nuit, avant deux heures, je vous servirai de guide.

» J'allai prévenir Almaric, qui, de son côté, s'était procuré un guide pour partir un peu avant le jour. On soupa à la hâte et la nécessité, plus forte que le sommeil et la fatigue, nous fit remettre en marche, précédés par nos deux guides sans armes, qui, pour abréger le chemin, nous conduisirent par des sentiers perdus dans la montagne.

» Par où nous avons passé? Il me serait bien difficile de le dire. Mais nous étions tantôt au milieu des rochers, tantôt au bord de précipices, dont la vue donnait le vertige et faisait dresser les cheveux sur la tête. La lune, qui éclairait cette nature abrupte des montagnes couvertes çà et là de plaques de neige, occasionnait les phénomènes du mirage. Je voyais des villes, des clochers et des forêts, là où il n'y avait que des rochers volcaniques et des masses de granit. Nous nous donnions le bras pour nous soutenir les uns les autres. On poussait en avant les plus fatigués. Martel avec les guides était en éclaireur; Almaric et Campdoras aidaient les traînards à rejoindre.

» Enfin, après avoir monté et descendu, remonté et descendu encore, traversant quelques villages en silence, nous arrivâmes, à trois heures, dans une sorte de plaine couverte de cailloux, qui paraissait fermée de tous côtés par des rochers perpendiculaires; c'était comme un cercle de l'enfer du Dante. Nous longeâmes le côté que n'éclairait pas la lune; le pont de Gueidan n'était plus qu'à cent pas devant nous. Là était un poste de la douane qu'on avait peut-être renforcé. On s'arrêta un moment dans une caverne, tandis que Martel et les guides allèrent reconnaitre le passage. Pendant ce temps, on réamorça les armes; puis, à un coup de sifflet, on s'ébranla pour aller en avant. Pérès, le vieux capitaine de la Garde-Freinet, n'avait qu'un pistolet; je n'avais rien du tout. On nous fit mettre au centre, et l'arme haute, le doigt sur la détente, nous passâmes devant la douane, laissant le pont à notre droite et continuant, toujours dans l'ombre, notre route en longeant les bords rocailleux du Var. Après avoir fait cinq cents pas, nos guides nous embrassèrent en nous disant: « Vous êtes sauvés! » Ils pleuraient de joie. On leur donna comme souvenir nos plus belles armes de chasse.

» Nous étions bien encore en France; mais nous n'avions plus de gendarmes, ni de troupes, ni de douaniers à craindre, et au point du jour nous arrivions à Sausses, dernier village de la frontière. Nous espérions y faire une dernière halte. Le maître d'une auberge, à laquelle nous avions frappé, mit la tête à la fenêtre et la referma aussitôt avec épouvante. Nous frappâmes encore en lui disant qui nous étions. Il s'aventura une seconde fois et nous déclara qu'il était malade, que sa femme était malade, que sa servante était malade, que sa maison enfin n'était qu'un hôpital. Nous allâmes frapper à une autre auberge. A peine le maître nous eut-il aperçus, qu'il se barricada et nous n'eûmes pas même la consolation de parlementer avec lui.

» Martel, ayant aperçu le curé, alla lui exposer notre position et, dans les termes les plus pathétiques, implora sa charité chrétienne pour nous faire vendre quelques bouteilles de vin et allumer un peu de feu pour réchauffer nos membres glacés. Le curé, qui d'abord avait eu peur, voyant qu'il avait affaire à de pauvres fugitifs, engagea Martel à prendre patience.

» — Promenez-vous de long en large, lui dit-il pendant que je dirai ma sainte messe, et après je tâcherai de vous faire ouvrir quelque part.

» Se promener de long en large!... mieux valait-il partir; et c'est ce que nous fîmes en maudissant le dernier village français, nous qui n'avions eu qu'à bénir tous ceux où nous nous étions arrêtés jusqu'alors.

» Après une dernière marche, ou pour mieux dire un suprême effort, nous arrivâmes exténués de faim et de fatigue sur le territoire Piémontais, et, dans une pauvre ferme, où l'on nous accueillit, nous rompîmes pour la première fois le pain noir de la charité et de l'exil. »

Enfin, après quelques heures de repos, ces défenseurs malheureux, mais intrépides de la Constitution, de la République et du droit, se mirent en route pour Nice; mais ce ne fut pas sans avoir dit encore une fois adieu à cette pauvre France, qui, de par la loi du sabre, devait faire une halte de dix-huit ans dans la fange du Bas-Empire, et qui ne devait, hélas! reconquérir sa liberté qu'au bruit du canon de ses envahisseurs victorieux.

Duteil et ses compagnons d'infortune arrivèrent à Nice le 17 décembre au soir, dans un état de dénûment qui intéressa presque tout le monde à leur situation. Après un internement de huit jours dans l'arsenal de Villefranche, on les laissa retourner à Nice, où, par une conduite irréprochable, ils surent mériter, comme plus de deux cents autres réfugiés du Var, l'estime et la sympathie de la population entière.

Le rédacteur de l'*Union du Var* appela *une aveugle hospitalité* l'accueil fait par les autorités piémontaises à ces malheureux proscrits!

Le rédacteur de l'*Avenir de Nice* disait le lendemain de leur arrivée dans cette ville : *Il ne s'agit pas ici d'opinions politiques, mais d'humanité. Dans la proscription et le malheur, il n'y a pas d'ennemis; il n'y a que des frères!*

Il est vrai que le premier suivait les doctrines inhumaines du souverain qui trône au Vatican, et que le second était de la religion du supplicié de Jérusalem.

LES PROSCRITS

Les trente-huit fugitifs avaient été précédés à Nice par de nombreux démocrates du Var et des départements limitrophes. Ces derniers y avaient trouvé le citoyen Mathieu, jeune avocat du barreau de Paris, mort à Genève, vers 1854. Blessé sur les barricades du 24 février, Mathieu était retourné dans sa famille, à la Garde-Freinet, et, une fois guéri, s'était livré avec toute l'ardeur de son âge, à la propagande républicaine. Frappé avant le Coup d'État, d'une condamnation pour délit politique, il avait préféré l'exil à la prison et s'était réfugié à Nice. C'était un excellent cœur. Grâce à des démarches actives de sa part auprès de ses connaissances et des autorités piémontaises, les nouveaux venus trouvaient immédiatement asile et protection.

Pendant plusieurs mois, le nombre des proscrits ne cessa pas de s'accroître. Il en arrivait de tous les points du midi de la France. Parmi ceux des Basses-Alpes, on remarquait : Escoffier, horloger, de Forcalquier; Buisson, ancien maire de Manosque;

Aristide Guibert, avocat, de Gréoulx; Charles Cotte, avocat, de Digne; Francoul, maître d'hôtel, de Manosque; Pascal, instituteur, d'Aubignosc, et une foule d'autres non moins dévoués et non moins vaillants. Mais le plus brave, Ailhaud, de Volx, garde général des eaux et forêts, ne s'y trouvait pas!

Ce républicain sans reproche, avait été arrêté à Marseille, au moment de son embarquement pour Gênes.

Traduit devant un conseil de guerre, il fut condamné à la déportation, et mourut à Cayenne en 1855, laissant une veuve et cinq enfants en bas âge! il était âgé de cinquante ans.

Les premiers mois furent très difficiles pour les déshérités de la fortune. On cherchait du travail et on n'en trouvait pas. L'argent qu'on avait en poche s'écoulait rapidement. La famille, gênée elle-même, en envoyait peu; aussi ne mangeait-on pas toujours à sa faim.

Il nous souvient que Théophile Pons et Charles Z..., afin d'économiser les maigres subsides qu'ils recevaient de chez eux, dînaient assez souvent, dans un restaurant de la halle aux poissons, à 30 centimes par tête, prix auquel ils se permettaient quelquefois d'ajouter 10 centimes, ce qui faisait une *moutte* moyennant laquelle on pouvait mettre un peu plus de vin dans son eau; et quand la bourse devenait un peu trop plate, on allait s'attabler avec de nombreux compagnons de misère à l'Hôtel de la *Californie*:

8.

c'était un vaste appartement que des bouchonniers de la Garde-Freinet, proscrits comme nous, avaient loué au quatrième étage d'une maison de la rue Cassini, et où moyennant une faible cotisation, on pouvait manger la soupe, que quelques-uns faisaient à tour de rôle, et passer la nuit sur la paille dont le plancher de la plus grande pièce était couvert. Combien cela faisait rire les uns... et pleurer les autres !

Il nous souvient aussi que l'abbé Chassan, ex-recteur de Sainte-Croix-du-Verdon, village des Basses-Alpes, dînait dans sa mansarde le plus souvent de pain bis ou d'une soupe qu'il préparait lui-même avec des os dont le boucher avait soigneusement enlevé la viande !

Ce digne ecclésiastique, poursuivi comme chef du parti républicain de sa commune et pour avoir béni le drapeau des insurgés, s'était d'abord réfugié à Gênes. Là, il avait été témoin de faits étranges de la part des prêtres italiens, notamment de la tenue de la *Bourse des Messes*, où ces dignes serviteurs de la papauté achetaient, vendaient, achetaient et vendaient encore des messes les uns aux autres, comme si ces choses saintes eussent été de ces marchandises qui donnent un libre cours à la spéculation.

Mais ce que nous racontait l'abbé Chassan ne nous étonnait pas. Nous n'étions pas en Italie ; et cependant nous avions déjà pu juger de ce que valait le clergé ultramontain au point de vue de la dignité sacerdotale.

Un soir, étant dans un café du *Corso*, nous avions

à côté de nous, *piquant* un verre d'absinthe, un
ministre du Seigneur, qui riait aux éclats, ainsi que
la galerie, en suivant des yeux un des garçons de
l'établissement qui servait les consommateurs la
serviette sur le dos en guise de chasuble, et le
tricorne du *preïre* sur la tête !

Il n'était pas rare alors de rencontrer dans les rues
un de ces *preïres*, titubant comme un polonais,
jurant comme un charretier, hué par les femmes et
poursuivi par les gamins, qui criaient après lui, et
dont quelques-uns le tiraient de toutes leurs forces
par les pans de sa redingote couverte de boue et de
chichibèlis.

Un prêtre jouant aux cartes dans un estaminet, le
brûle-gueule aux dents, la poitrine débraillée, ou
satisfaisant un besoin contre une borne, sans prendre
les précautions exigées par la décence, cela se voyait
quasi tous les jours.

Il n'est pas besoin de dire que toutes ces choses
excitaient notre mépris; pourtant, ce n'était pas sans
plaisir que nous rencontrions, de temps en temps,
sur les terrasses, un jeune abbé niçois, qui avait le
plus joli minois du monde. C'était un petit *de Gondi*
en habit noir à la française, en culotte et bas de
soie noirs, chaussé de souliers aux grandes boucles
d'argent, pommadé, frisé, ganté, la canne à pomme
d'or à la main, saluant les messieurs, souriant aux
dames, tout en se donnant de l'air avec son mouchoir
de batiste en guise d'éventail.

Mais revenons à nos proscrits.

Leur situation s'améliora bientôt, grâce au dévouement de quelques-uns, qui créèrent une société de secours mutuels, dont le citoyen François Cyrille, de Grasse, devint le président, et qui se mirent en quête non-seulement pour recueillir des fonds, mais encore pour procurer du travail ou un emploi à ceux qui en avaient un pressant besoin. Nous sommes heureux de constater que plusieurs établissements ouvrirent leurs portes à l'émigration. Les ateliers de bouchonnerie occupèrent presque tous les ouvriers de la Garde-Freinet, et l'Ecole de Commerce, dirigée par M. Louis Garnier, frère de l'éminent économiste, admit successivement dans son personnel un certain nombre de nos amis, entre autres : Charles Z..., comme économe; Francoul, comme chef de cuisine; Issaurat, instituteur de Siagne, comme directeur de l'école primaire; Banet-Rivet, astronome, comme professeur de physique; Constan et Ganzin, instituteur du Cannet-du-Luc, comme maîtres d'études.

Malgré leur bon vouloir, tous ne trouvaient pas de l'occupation. C'est alors que des agents secrets du Consulat français entreprirent de semer la division dans nos rangs, en conseillant aux inoccupés surtout de rentrer en France. Ils n'eurent pas de peine à réussir chez la plupart d'entre eux. L'exil aigrit les caractères et rend invincible pour les âmes faibles le mal du pays. Bientôt on se méfia les uns des autres, on ne parla plus que de grâces obtenues de Louis-

Bonaparte, que de soumissions à faire à son gouvernement. Ceux qui tenaient à conserver intact l'honneur du drapeau démocratique s'indignèrent de voir certains de leurs compagnons de lutte déserter ainsi le camp de la proscription; mais ils pardonnaient cependant aux autres et donnèrent même le conseil aux plus nécessiteux de retourner dans leurs foyers.

Un des gardiens fervents de la dignité du parti, l'avocat Pastoret, éclata un jour sur le *Corso* contre les mouchards et contre ceux qui les avaient fait agir. Ses paroles ne furent pas perdues. Le nommé Creste, lutteur de profession, que nous avons revu à Marseille parmi les agents de la police impériale, ou tout autre de ses pareils, rapporta le fait au Consulat de France, et peu de temps après, Pastoret était interné à Levens, Cyrille à Alexandrie et plusieurs autres proscrits dans diverses localités du comté de Nice et du Piémont.

Presque tous ceux qui s'étaient écriés comme le poète des *Châtiments* :

Et s'il n'en reste qu'un, je serai celui-là ! finirent par se caser tant bien que mal et attendirent avec confiance le moment où il leur serait permis de rentrer dans la patrie, libres de toute attache avec le gouvernement du 2 Décembre.

Il est vrai que presque tous croyaient à un réveil prochain de la France. De tous côtés, on nous le faisait espérer. Les lettres que nous recevions de proscrits illustres; les journaux de Genève, de Bruxelles, de Londres; les discours de Victor Hugo sur les morts de l'exil; son *Napoléon-le-Petit;* et le colonel Charras qui écrivait à l'un de nous : *Avant peu ce bandit périra par la banqueroute ou par l'invasion;* et le général Lamoricière qui disait à des proscrits de Bruxelles, qui le pressaient d'agir : *Trouvez-moi un régiment et je marche sur Paris et je délivre la France!*

Et cette espérance nous était si chère, que si quelqu'un des nôtres était venu nous dire que la même génération était incapable de faire deux révolutions et que Paris sommeillerait bien encore une dizaine d'années sous le talon de Louis-Bonaparte, nous n'aurions peut-être pas hésité à le considérer comme un agent secret du Consulat français ou tout au moins comme un esprit en complet état de défaillance.

Tous les partis vaincus raisonnent de la même manière. Tous se font illusion sur la durée du gouvernement dont ils désirent la chute. Les légitimistes attendent, de mois en mois, depuis cinquante-deux ans, l'avènement du comte de Chambord au trône de ses pères. Le vaincu de Waterloo lui-même ne cessa d'espérer sur le rocher de Sainte-Hélène. Peu de temps avant sa mort, il attendait encore le navire au pavillon tricolore qui devait venir le chercher pour le ramener en France!

Aussi tous ceux qui avaient du loisir s'étaient-ils remis peu à peu à leur œuvre de propagande républicaine ou humanitaire. Les uns écrivaient à leurs compatriotes pour les tenir au courant de toutes les *bonnes nouvelles;* les autres s'ingéniaient pour faire pénétrer sur le territoire français des *Napoléon-le-Petit* et plus tard des *Châtiments;* Elzéard Pin (de Vaucluse), aujourd'hui sénateur, décochait de temps en temps à César et à ses proxénètes, sous forme de chansons, les traits aigus de sa verve satirique; Mathieu mettait la dernière main à son livre intitulé : *Le Vol et la Tyrannie consacrés par la Législation française;* C. Issaurat prenait des notes pour les *moments perdus de Pierre-Jean;* Joubaud (du Gard), collaborait à l'*Avenir de Nice;* Théophile Pons essayait de ressusciter le *Démocrate du Var;* l'abbé Terrin, qui venait de faire imprimer à Gênes sa *Biographie Evangélique,* livrait à la publicité ses *Etudes sur les Mormons;* enfin, Charles Z... interrogeait les souvenirs des insurgés du Var et préparait des matériaux pour les futurs historiens de leur patriotique résistance.

Le docteur Barbarroux, dont la science égalait le dévouement, s'était aussi remis à servir la cause de l'humanité. Il était encore comme dans l'arrondissement de Brignoles, où son nom était respecté des uns et béni des autres, la providence des malades et des indigents.

Plusieurs années s'écoulèrent pour les proscrits dans le travail, dans l'étude, dans la méditation et dans l'espérance de voir enfin se réveiller ce peuple français, pour la liberté duquel ils avaient lutté et souffert et qui déjà ne songeait peut-être plus à eux !

Comme nous étions heureux alors, lorsque nous avions la bonne fortune de serrer la main à l'un de ces lutteurs politiques, qui par leur seule présence relèvent les fronts abattus, réchauffent les âmes attiédies et qui à un moment donné, décuplent la force de tout un parti !

Etienne Arago était pour nous un de ces vaillants. Toujours en avant pour la cause du peuple, il n'avait cessé pendant son séjour à Londres et depuis son départ d'Angleterre de porter ombrage au gouvernement impérial, qui avait exigé son expulsion de tous les pays où il avait résidé. En dernier lieu, il était à Genève avec Charras, Flocon et autres représentants du peuple ; et nous le croyions encore au milieu d'eux, lorsqu'en juillet 1855, la nouvelle se répandit parmi nous que le *Dante*, qui arrivait de Gênes, le comptait au nombre de ses passagers. Tous les proscrits en ressentirent une vive joie et chacun d'eux tint à honneur de souhaiter la bienvenue au combattant de juillet 1830, à l'auteur des *Aristocraties*, au défenseur des pauvres et des opprimés.

Né à Perpignan en 1802, Etienne Arago, frère de l'astronome illustre qui fut membre du Gouvernement Provisoire en 1848, avait alors 53 ans. C'était un homme grand, brun, vigoureux, simple de tenue, ouvert de caractère et sympathique à première vue. Sa conversation était celle d'un Parisien spirituel et de bonne compagnie. Comme il était mêlé depuis les premières années de la Restauration à toutes les luttes politiques et littéraires, qu'il avait été tour à tour étudiant en médecine, préparateur de chimie à l'Ecole Polytechnique, carbonaro, auteur dramatique, romancier, directeur du *Vaudeville*, journaliste, directeur général des Postes et Représentant du Peuple, sa mémoire était une source inépuisable de souvenirs, qu'il racontait avec une verve et une animation qui charmaient presque toujours ses auditeurs.

Et comme il était touchant lorsqu'il nous parlait des faits dramatiques dont il avait été le témoin! Nous nous souvenons encore et nous nous souviendrons toujours des choses navrantes qu'il nous raconta sur Godefroy Cavaignac, qui était mort dans ses bras, et sur les quatre sergents de la Rochelle, qui avaient été ses amis. Pour ce qui concerne ces derniers, nous en eûmes le cœur brisé : L'un de ces quatre martyrs de la Liberté avait une bonne amie. Elle voulut le voir encore une fois. Etienne Arago la conduisit dans une maison voisine de la place où devait avoir lieu l'exécution. L'amant infortuné en avait été prévenu. Au moment où il allait placer sa tête sous le couperet, il jeta un long regard vers celle qu'il ne devait plus revoir. Alors, pâle comme une morte, les yeux ruisselants de larmes, elle posa la main sur sa bouche et lui envoya un baiser d'adieu; puis elle poussa un cri déchirant et tomba évanouie dans les bras d'Etienne Arago.

Etienne Arago était aussi un charmant poète. Peu de

jours après son arrivée, il fit insérer dans l'*Avenir de Nice*, une pièce de vers qu'il venait de dédier à *ses Frères d'exil*.

En voici un passage que nous citons de mémoire et qui sera certainement du goût de tous nos lecteurs :

> .... Le *Dante* est entré dans le port.
> A peine débarqué, je cherche dans la ville
> Ces Français à qui Nice ouvrit un champ d'asile...
> Je les ai reconnus... ma main presse leur main.
> « — De la frontière, amis, montrez-moi le chemin.
> » — Déjà! mais la fatigue? — Eh! je suis fils d'Antée;
> » La force de mon corps sera vite augmentée...
> » Faites-moi seulement toucher terre là-bas!
> » — Soit... Voici le chemin... Nous ne l'oublions pas! »
> J'aime ces Provençaux aux figures cuivrées,
> Aux gestes expressifs, aux phrases colorées!
> Nous rions... et des pleurs arrivent à nos cils!
> Nous parlons... Et de quoi les proscrits parlent-ils!...
> De nos jours, de nos nuits, la Patrie est le rêve...
> Qu'un bonheur l'interrompe, une peine l'achève!
> La Patrie est pour nous le plus puissant lien
> Et l'objet le plus cher aussi... Le citoyen
> Doit être, pour rester au grand devoir fidèle,
> Prêt à tout entreprendre, à tout souffrir pour elle.
> Qu'elle ait des jours de deuil ou des jours triomphants,
> On lui doit tout : repos, fortune, femme, enfants,
> Gloire que l'on poursuit, amour qui nous enchaîne,
> Même les sentiments de vengeance et de haine,
> Que tant de maux soufferts semblent purifier,
> Nous saurions au besoin lui tout sacrifier!
> Tous ils ont approuvé de la voix et du geste.
> L'un d'entre eux cependant, sans dire : je proteste,
> Me demande comment se dévouer encor

Pour un pays passé de la lutte à la mort.
Je réponds : « Tout renaît... Croyez-vous que l'idée
» Qu'avec tout votre sang vous eussiez fécondée,
» A qui vous donneriez votre chair pour engrais,
» Ne refleurira pas dans le champ du progrès?
» De la nature, ami, c'est la loi souveraine :
» La vie est dans la mort... Observez... Une graine
» Dans un champ labouré tombe de votre main...
» Vous la croyez pourrie en revenant demain...
» Un jour après, ouvrez le sillon qui l'enferme,
» Regardez bien ce point qui blanchit... C'est un germe...
» La plante, jour par jour, va s'élever sans bruit,
» Puis brillera la fleur, puis mûrira le fruit. »
Bien court est le chemin, devisant de la sorte.
Tout à coup, un cri part du sein de mon escorte :
« La France! » A ce cri là ma surprise répond...
— Oui, je la reconnais à l'autre bout du pont...
La France! astre voilé, qu'en une nuit profonde,
Attentif cependant, regarde encor le monde!

Ces vers patriotiques, chauds et brillants comme le soleil de Nice, et les paroles d'espérance de leur auteur relevèrent le moral des proscrits au diapason de l'enthousiasme, mais n'influèrent en rien sur leur façon d'apprécier la situation du parti républicain dans les départements. Selon la plupart d'entre eux, il n'y avait pas à compter sur la province pour une prise d'armes. Paris seul était capable de faire une révolution, et le bouillant Etienne Arago lui-même ne le contredisait pas.

Du reste, l'impuissance de la province à cet égard ne s'était-elle pas suffisamment manifestée dans les derniers évènements? Alors que les républicains avaient la Constitution pour égide, s'étaient-ils levés en masse pour résister à la tentative criminelle de Louis Bonaparte? Et puisqu'ils n'avaient pas saisi cette occasion suprême de prendre légalement les armes pour la défense de leurs principes, comment pouvaient-il songer à le faire à un moment où la loi de Louis-Bonaparte était suspendue comme une épée de Damoclès sur la tète de la France?

Et cependant tous les proscrits ne se soumettaient pas à ce raisonnement judicieux. Il y avait parmi eux un groupe de ces républicains impatients qui prennent leurs illusions pour des réalités et qui sont presque toujours dupés par les charlatans politiques, quand ils ne le sont pas par les mouchards.

Parmi ces impatients, que les proscrits de la Garde-Freinet avaient surnommés *leïs madurs* (les mûrs), se trouvaient en première ligne : Achard, sellier, de Draguignan, et Sauvan, ébéniste de Toulon. C'étaient deux démocrates éprouvés, mais inflammables comme la poudre et faciles à entraîner dans une conspiration. Circonvenus par des agents secrets du Consulat français, qui leur faisaient accroire que la population du Var était *mûre* pour une nouvelle insurrection, ils formèrent le projet avec un petit nombre de leurs compagnons d'exil, de se rendre dans le Var, à un moment donné, et d'y faire un appel aux armes. On était généralement convaincu dans l'émigration que pas un républicain du Var ne seconderait une tentative, dont la préméditation n'était un secret pour personne, et qui ne pourrait aboutir qu'à des arrestations et peut-être à des fusillades.

Ces observations n'étaient pas ménagées aux proscrits dissidents. Mais ceux-ci, encouragés par Démosthène Ollivier, le père d'Emile (1), ne voulaient rien écouter; et ils étaient sur le point de mettre leur projet à exécution, lorsque les autorités piémontaises se décidèrent à mettre fin à leurs agissements en les faisant presque tous incarcérer. Ordre fut en même temps donné aux troupes de se porter sur les bords du Var et de s'opposer, de concert avec les troupes françaises, qui avaient été échelonnées sur la rive droite de la rivière, au passage des *envahisseurs*. Ne voyant rien venir, comme sœur Anne, pas même un chasseur de petits oiseaux, soldats français et piémontais finirent par donner un libre cours à leur gaîté en riant des frayeurs que devaient éprouver les autorités badinguistes, qui n'étaient sans doute pas dans le secret des menées policières du Consulat français.

Cette *sotte affaire*, comme disait Etienne Arago, se termina par l'expulsion de la plupart des prisonniers. Achard, Sauvan et le père Moullet, de Saint-Maximin, furent, sur leur demande, embarqués pour l'Espagne.

_____

(1) Il est de notre devoir de dire ici que, à part ce moment d'aberration, Démosthène Ollivier fut un de ceux qui s'occupèrent le plus des intérêts particuliers des proscrits de la classe ouvrière.

On relâcha les autres. Quant aux proscrits restés
dans l'expectative, ils ne furent pas inquiétés, grâce
aux démarches que firent à Turin, Etienne Arago et
Pastoret, et à celles du docteur Barbarroux, auprès
du paternel intendant du comté de Nice, M. de
Lamormora.

Ce fait regrettable étant le dernier de ceux que
nous avions entrepris de raconter, il ne nous reste
plus que quelques mots à dire sur une partie des
républicains dont les noms sont devenus familiers à
la plupart de nos lecteurs.

Camille Duteil resta peu de temps à Nice. Tenu en
suspicion par un certain nombre de ses compagnons
d'armes, il se retira à Savone, petite ville de la
rivière de Gênes. Il y publia ses *Trois jours de
Généralat;* puis il partit pour la République Argen-
tine, où un commandement lui avait été offert; et
depuis on n'a plus eu de ses nouvelles.

Comme Paulin David, Campdoras et plusieurs
autres, Duteil était parti sans espoir de revoir la
France. Il disait en terminant le récit de sa malheureuse campagne :

« Je ne reverrai plus la France!... Lorsqu'elle sera
libre et glorieuse comme je l'ai rêvée, la terre de
l'exil recouvrira mes os!... Dieu m'est témoin que
j'aurais donné mille fois ma vie pour la sauver d'une
grande honte : il sait aussi qu'aucun sentiment de
vanité ou d'intérêt personnel n'a été le mobile de
mes actions, soit comme écrivain politique, soit

comme chef des insurgés du Var. Sans orgueil, mais sans crainte, je peux attendre le jugement de l'histoire, — si l'histoire a le temps de s'occuper de moi (1). »

Campdoras et Paulin David, après un séjour de quelques mois à Nice, s'embarquèrent pour l'Amérique. Ce dernier s'établit comme pharmacien à la Nouvelle-Orléans, où il est décédé en 1869, laissant à ses enfants un nom sans tâche et une fortune laborieusement acquise. Quant à Campdoras, il fixa sa résidence à New-York et plus tard à Topeka, petite ville du Kansas (Etats-Unis du Nord). Ce noble jeune homme était parti désespérant de l'avenir de la France. Il écrivait de New-York, en octobre 1852, à l'un de ses amis :

« Tu me raconteras la manière dont s'est passé ton
» séjour à Toulon, les platitudes débitées par les
» flagorneurs, les apostasies, l'enthousiasme payé,
» enfin tout! O triste France, pays de lâches, je ne
» sais si j'ai pour toi de l'amour ou de la haine!...
» Mon cher, il faut que vous en preniez votre parti!

(1) Depuis que ces lignes ont été écrites, nous avons reçu les renseignements suivants :

« En arrivant à Buenos-Ayres, Duteil fut chargé de dresser des plans pour la défense de la ville, alors en guerre avec la Province. Plus tard, le gouvernement le nomma colonel du génie. Quand la paix fut rétablie, il quitta le service actif et entra comme professeur de physique à l'Université, où il resta jusqu'à sa mort. Il fut emporté par une maladie de cœur, le 19 novembre 1861, à l'âge de 53 ans. »

» Hommes de l'ancien, du vieux monde, votre temps
» est fini; vous êtes en décadence. La France, qui,
» dit-on, est le cœur et le cerveau de l'Europe, est
» morte. Il n'y a plus rien à espérer d'elle, et sa
» résurrection est impossible! C'est ici, c'est en
» Amérique, qu'est passée l'âme de l'humanité! »

Campdoras a dû regretter plus tard ce qu'il pensait
alors de la patrie des âmes généreuses, de cette belle
France qui, comme toutes les nations illustres, a eu
ses heures de défaillance, mais qui s'est toujours
relevée aussi grande et aussi glorieuse que jamais.
« Tu peux tomber, dit Béranger en s'adressant à la
France, mais c'est comme la foudre qui se relève et
gronde au haut des airs! »

Le vaillant chirurgien du *Pingouin* se maria dans
sa nouvelle patrie et eut de nombreux enfants; il est
mort en avril 1881, estimé et honoré de tous les
habitants de Topeka.

« C'était, dit Noël Blache, un grand garçon, brun,
robuste, né dans un de nos départements pyré-
néens (1). Ses cheveux noirs, sa forte barbe, ses traits
mobiles, légèrement irréguliers, ses yeux pétillants
d'intelligence, son regard plein de franchise, sa parole
facile, colorée, ses gestes entraînants, tout en lui
dénotait le tribun. La virilité de son caractère, unie à
une extrême promptitude de décision, le prédestinait
au rôle important qu'il a joué dans l'insurrection du
Var. »

(1) Il était né à Thuir (Pyr.-Orientales), en septembre 1825.

Pour échapper à la vengeance de ses camarades, comme à celle de la réaction, Arambide s'enfuit de Tourtour et, par monts et par vaux, se dirigea sur Marseille, où il arriva épuisé de fatigue et de faim. Sachant que le républicain Giraud, du Var, capitaine de frégate, était à Marseille, il alla frapper à sa porte, et ce ne fut pas en vain. Le noble et généreux démocrate l'accueillit avec bonté et lui facilita les moyens de s'embarquer pour l'Angleterre. Quelque temps après, il passa en Espagne; et c'est là, dit-on, qu'il a fini ses jours. C'était un républicain aussi; mais sa conduite à Tourtour fit plus de mal qu'une trahison.

Le serrurier Martel, que les insurgés avaient surnommé le *curé*, à cause de ses paroles de paix et de conciliation, a cessé de vivre en 1877. Il tenait depuis son retour de l'exil, l'*Hôtel Continental* à Saint-Tropez. Peu de temps avant sa mort, nous le rencontrâmes à Marseille. Il était rêveur, triste, découragé. Etait-ce le germe d'une maladie ou quelque noir chagrin qui l'entraînait dans la tombe? Il fit preuve de bravoure et de dévouement pendant l'insurrection. Honneur à sa mémoire!

Nos excellents amis Constan, de Brignoles, et Méric, du Luc, sont morts à Marseille, le premier en 1878, le second en 1875. Méric, que nous avions eu le plaisir de revoir à Nice, après sa sortie de Belle-Isle, occupait depuis assez longtemps un poste honorable dans le service des acquisitions du chemin de fer.

Moins heureux que lui, l'ancien sous-commissaire de
la République, le bon et modeste Constan, devenu
vieux et infirme, devait finir ses jours, entouré des
soins touchants de ses deux filles, il est vrai, mais
dans un état voisin de la pauvreté. Il était âgé de
80 ans.

Etant à Paris lors de l'Exposition universelle de
1867, nous eûmes la douce joie de revoir Etienne
Arago, qui habitait un modeste appartement au
quartier de Saint-Sulpice. Nous le trouvâmes dans
son cabinet de travail, écrivant au milieu de *ses chers
amis:* des tableaux de maîtres étalés çà et là sur des
fauteuils. Chargé du feuilleton artistique de l'*Avenir
National*, il y faisait une guerre à coups d'épingles au
pouvoir impérial, ne pouvant en faire une plus
sérieuse, à une époque où la politique était le
moindre souci de la généralité des citoyens. Aussi,
était-il loin de penser que, trois ans plus tard, il
serait nommé maire de Paris, par un gouvernement
révolutionnaire. Aujourd'hui son grand âge ne lui
permet plus de servir activement la République,
pour le triomphe de laquelle il a si longtemps
combattu ; mais il écrit, dit-on, *ses mémoires*, et nous
sommes certain qu'ils renfermeront pour les généra-
tions actuelles, de nobles et utiles enseignements.

L'abbé Chassan est mort à Nice en 1875. On
raconte qu'à ses derniers moments, un prêtre se
présenta pour le confesser : «Un vrai ministre du
Christ, lui dit-il d'une voix défaillante, doit être

toujours en paix avec sa conscience. La mienne n'a
rien à se reprocher : je comparaîtrai sans crainte
devant le Juge suprême. » Le prêtre insista ; mais le
vieux républicain resta inébranlable. Le clergé assista
néanmoins à son enterrement.

Enfin, Théophile Pons, l'ancien rédacteur en chef
du *Démocrate du Var*, passa de Nice à Turin, où il
endura toutes les misères, toutes les souffrances de
l'exil. La profession de médecin homœopathe, qu'il
exerça avec succès, finit par le tirer de cette triste
situation. Aujourd'hui ce philanthrope cher et vénéré,
termine doucement sa vie, sous le ciel bienfaisant de
Nice, parmi les orangers aux pommes d'or, dédaignant
les honneurs, *guéri des individus*, détestant les
braillards, méprisant les roués, respectant toutes les
convictions ; rêvant la liberté entière, l'égalité dans
les mœurs, la solidarité des peuples ; croyant et
espérant comme Victor Hugo, heureux des progrès
constants de la République et fier de ses 88 ans.

Ecrit à Nice, en 1853.
Revu à Marseille, en 1882.

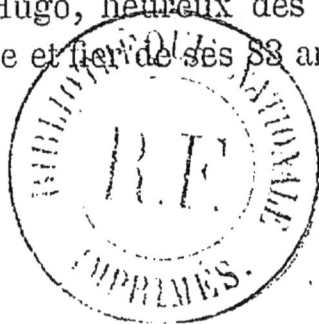

FIN.

LISTE

des Communes qui se sont insurgées ou qui ont fourni
un contingent à l'armée constitutionnelle

———

Aiguines	Draguignan	Pontevès
Arcs (Les)	Entrecasteaux	Pourcieux
Artignosc	Esparron	Pourrières
Aups	Fayence	Puget (Le)
Bagnols	Figanières	Pujet-de-Fréjus (Le)
Bargemon	Flassans	Régusse
Barjols	Flayosc	Rocbaron
Baudinard	Forcalqueiret	Roquebrune
Bauduens	Fréjus	Roquebrussanne
Besse	Garde Freinet (La)	Sainte-Anastasie
Bras	Garéoult	Saint-Martin
Brignoles	Gassin	Saint-Maximin
Brue	Gonfaron	Saint-Raphaël
Cabasse	Grimaud	Saint-Tropez
Cagnes	Hyères	Saint-Zacharie
Callas	Luc (Le)	Salernes
Callian	Mayons-du-Luc (Les)	Salles (Les)
Camps	Mazaugues	Seillons
Cannet (Le)	Moissac	Toulon
Carcès	Montauroux	Tourrettes-lès-Fayence
Carnoules	Montferrat	Tourtour
Châteaudouble	Montmeyan	Tourvès
Châteauvert	Motte (La)	Val (Le)
Claviers	Muy (Le)	Varages
Cogolin	Nans	Verdière (La)
Collobrières	Néoules	Vidauban
Correns	Ollières	Villecroze
Cotignac	Pignans	Vinon
Cuers	Plan-de-la-Tour (Le)	Vins

TABLE

ERRATA

Page 53. — Ligne 22

Pour aller.
Lisez: Pour ENTRER.

Page 89. — Ligne 2.

Quoi qu'abattus.
Lisez: QUOIQUE abattus.

Page 102. — Ligne 4.

Floreyès.
Lisez : FLORIÈYES.

Page 107. — Ligne 15.

Avait voulu rester.
Lisez : Avait voulu RENTRER.

Page 227. — Ligne 5

Conrad.
Lisez : CONRART.

H. DUTASTA. — *Le capitaine Vallé ou l'armée sous la Restauration.* 1 vol. in-18.   3 fr. 50

JULES BARNI. — *Napoléon Ier.* 1 vol. in-18.   1 fr.

J. BASTIDE. — *Les guerres de la Réforme.* 1 vol. in-32.   60 c.

BUCHEZ. — *Les Mérovingiens; les Carlovingiens.* 2 vol. in-32; chaque volume.   60 c.

CARLYLE. — *Histoire de la Révolution française.* 3 vol. in-18; chaque volume.   3 fr. 50

CARNOT. — *La Révolution française.* 1 vol. in-18.   3 fr. 50

TAXILE DELORD. — *Histoire du Second Empire.* 6 vol. in-8°. 42 fr. Chaque volume séparément.   7 fr.
La même, illustrée, en 6 vol., chaque volume broché, 8 fr.; cart. doré, tranches dorées.   11 fr. 50

ALFR. DONEAUD. — *Histoire de la Marine française.* 1 vol. in-32.   60 c.

E. DUVERGIER DE HAURANNE (Mme). — *Histoire populaire de la Révolution française.* 1 vol. in-18.   3 fr. 50

P. GAFFAREL. — *La Défense nationale en 1792.* 1 v. in-32,   60 c.

P. GAFFAREL. — *Histoire populaire de la France.* 4 vol. in-8° colomb. avec gravures. Chaque vol. broché, 7 fr. 50.; cart. doré, tranc. dor.   11 fr.

FRÉD. LOCK. — *Histoire de la Restauration.* 1 vol. in-32.   60 c.

F. MORIN. — *La France au moyen âge.* 1 vol. in-32.   60 c.

EUG. PELLETAN. — *Décadence de la Monarchie française.* 1 vol. in-32.   60 c.

POULLET. — *La campagne de l'Est (1870-1871).* 1 vol. in-8°. 7 fr.

EDGAR QUINET. — *La Révolution.* 3 vol. in-18.   10 fr. 50

EDGAR QUINET. — *La campagne de 1815.* 1 vol. in-18.   3 fr. 50

DE ROCHAU. — *Histoire de la Restauration.* 1 vol. in-18. 3 fr. 50

SOREL (ALBERT). — *Le Traité de Paris du 20 novembre 1815.* 1 vol. in-8°.   4 fr. 50

STUART-MILL. — *La République de 1848,* traduit de l'anglais par M. Sadi-Carnot. 1 vol. in-18.   3 fr. 50

EUG. TÉNOT. — *Paris et ses fortifications (1870-1880).* 1 vol. in-8°.   5 fr.

EUG. TÉNOT. — *La Frontière (1870-1881).* 1 vol. in-8°.   8 fr.

EDGAR ZÉVORT. — *Histoire de Louis-Philippe.* 1 v. in-32.   60 c.

Les Actes du gouvernement de la Défense nationale. L'ouvrage complet en 7 vol. in-4°, 112 fr. Chaque vol. séparément.   16 fr.

L'Insurrection du 18 mars. 1 vol. in-4°.   16 fr.

www.ingramcontent.com/pod-product-compliance
Lightning Source LLC
Chambersburg PA
CBHW070737270326

41927CB00010B/2026